1 **Hormonale Regulation**

2 **Ernährung und Verdauung**

3 **Energie- und Wärmehaushalt**

Anhang

Index

Dr. Nicole Mernberger

Physiologie Band 2

MEDI-LEARN Skriptenreihe

6., komplett überarbeitete Auflage

MEDI-LEARN Verlag GbR

Autoren: Dr. med. Dipl. biol. Nicole Mernberger, Carmen Schremmer
Fachlicher Beirat: PD Dr. Andreas Scholz

Teil 2 des Physiologiepaketes, nur im Paket erhältlich
ISBN-13: 978-3-95658-006-2

Herausgeber:
MEDI-LEARN Verlag GbR
Dorfstraße 57, 24107 Ottendorf
Tel. 0431 78025-0, Fax 0431 78025-262
E-Mail redaktion@medi-learn.de
www.medi-learn.de

Verlagsredaktion:
Dr. Marlies Weier, Dipl.-Oek./Medizin (FH) Désirée Weber, Denise Drdacky, Jens Plasger, Sabine Behnsch, Philipp Dahm, Christine Marx, Florian Pyschny, Christian Weier

Layout und Satz:
Fritz Ramcke, Kristina Junghans,
Christian Gottschalk

Grafiken:
Dr. Günter Körtner, Irina Kart, Alexander Dospil,
Christine Marx

Illustration:
Daniel Lüdeling

Druck:
A.C. Ehlers Medienproduktion GmbH

6. Auflage 2014
© 2014 MEDI-LEARN Verlag GbR, Marburg

Das vorliegende Werk ist in all seinen Teilen urheberrechtlich geschützt. Alle Rechte sind vorbehalten, insbesondere das Recht der Übersetzung, des Vortrags, der Reproduktion, der Vervielfältigung auf fotomechanischen oder anderen Wegen und Speicherung in elektronischen Medien.
Ungeachtet der Sorgfalt, die auf die Erstellung von Texten und Abbildungen verwendet wurde, können weder Verlag noch Autor oder Herausgeber für mögliche Fehler und deren Folgen eine juristische Verantwortung oder irgendeine Haftung übernehmen.

Wichtiger Hinweis für alle Leser
Die Medizin ist als Naturwissenschaft ständigen Veränderungen und Neuerungen unterworfen. Sowohl die Forschung als auch klinische Erfahrungen führen dazu, dass der Wissensstand ständig erweitert wird. Dies gilt insbesondere für medikamentöse Therapie und andere Behandlungen. Alle Dosierungen oder Applikationen in diesem Buch unterliegen diesen Veränderungen.
Obwohl das MEDI-LEARN Team größte Sorgfalt in Bezug auf die Angabe von Dosierungen oder Applikationen hat walten lassen, kann es hierfür keine Gewähr übernehmen. Jeder Leser ist angehalten, durch genaue Lektüre der Beipackzettel oder Rücksprache mit einem Spezialisten zu überprüfen, ob die Dosierung oder die Applikationsdauer oder -menge zutrifft. Jede Dosierung oder Applikation erfolgt auf eigene Gefahr des Benutzers. Sollten Fehler auffallen, bitten wir dringend darum, uns darüber in Kenntnis zu setzen.

Inhalt

1	**Hormonale Regulation**	**1**	1.11	Hormonale Regulation des Calciumhaushalts	18
1.1	Chemische Einteilung der Hormone	1	1.11.1	Parathormon	18
1.2	Second messenger und intrazelluläre Rezeptoren	2	1.11.2	Calcitonin	19
			1.11.3	Calcitriol	19
1.3	Hypothalamisch-hypophysärer Regelkreis	3			
1.3.1	Störungen des hypothalamisch-hypophysären Regelkreises	3	**2**	**Ernährung und Verdauung**	**22**
1.3.2	Hormone des Hypothalamus	5	2.1	Motorik des Magen-Darm-Trakts	22
1.3.3	Hormone der Adenohypophyse	6	2.1.1	Innervation	22
1.4	Hormone der Neurohypophyse	9	2.1.2	Ösophagus	23
1.4.1	Oxytocin	9	2.1.3	Magen	23
1.4.2	ADH (antidiuretisches Hormon = Vasopressin)	9	2.1.4	Darmmuskulatur	24
			2.1.5	Defäkationsreflex	24
1.5	Schilddrüsenhormone	9	2.2	Sekretion	24
1.5.1	Synthese der Schilddrüsenhormone	9	2.2.1	Speichelsekretion	25
1.5.2	Wirkung der Schilddrüsenhormone	10	2.2.2	Magen	26
1.5.3	Pathophysiologie: Schilddrüsenfunktionsstörungen	11	2.2.3	Exokrines Pankreas	29
			2.2.4	Gallensekretion	32
1.6	Nebennierenrindenhormone	11	2.2.5	Kolon	34
1.6.1	Cortisol	12	2.3	Peptidhormone des Magen-Darm-Trakts	34
1.6.2	Pathophysiologie: Nebennierenrindeninsuffizienz	13	2.3.1	Gastrin	34
1.7	Gonadenhormone	13	2.3.2	Sekretin	34
1.7.1	Östrogen	13	2.3.3	CCK	34
1.7.2	Progesteron	13	2.3.4	Serotonin	35
1.7.3	Testosteron	13	2.3.5	Somatostatin	35
1.8	Verlauf und Steuerung des weiblichen Zyklus	13	2.4	Verdauung und Resorption	35
1.8.1	Inhibin	14	2.4.1	Kohlenhydratverdauung und -resorption	35
1.8.2	Hormonkonzentrationen im Zyklusverlauf	15	2.4.2	Eiweißverdauung und -resorption	36
			2.4.3	Fettverdauung und -resorption	36
1.9	Schwangerschaftshormone	16	2.4.4	Vitamin B_{12}/Intrinsic Factor	36
1.9.1	Hormone der Plazenta	16	2.4.5	Eisenstoffwechsel	36
1.10	Hormone des endokrinen Pankreas	17	2.4.6	Wasser- und Elektrolytresorption	37
1.10.1	Insulin	17	2.5	Regulation des Essverhaltens	38
1.10.2	Glukagon	18			
1.10.3	Pathophysiologie: Diabetes mellitus	18			

3	Energie- und Wärmehaushalt	42
3.1	Energiehaushalt	42
3.1.1	Brennwerte	42
3.1.2	Grundumsatz und Ruheumsatz	42
3.1.3	Energiespeicherung	42
3.1.4	Respiratorischer Quotient	43
3.1.5	Kalorisches Äquivalent	43
3.1.6	Kalorimetrie	43
3.2	Wärmehaushalt	44
3.2.1	Körpertemperatur im Tagesverlauf	44
3.2.2	Regelung der Körpertemperatur	44
3.2.3	Hitzeakklimatisation	46

Anhang		50
IMPP-Bild		50

KOSTENLOSES PROBEKAPITEL

WWW.MEDI-LEARN.DE/SKR-ABENTEUER

AB DEM 5. SEMESTER GEHT ES ERST RICHTIG LOS

ABENTEUER KLINIK!

1 Hormonale Regulation

 Fragen in den letzten 10 Examen: 28

Hormone sind Botenstoffe, die meist auf dem Blutweg zu ihren Zielzellen transportiert werden und dort den Zellstoffwechsel beeinflussen. Die Hormonausschüttung unterliegt verschiedenen Regelungsmechanismen. Das Bestreben des Körpers, bestimmte Körperfunktionen möglichst konstant zu halten (z. B. Blutzuckerkonzentration, Flüssigkeitsgehalt) und sie gleichzeitig an den augenblicklichen Bedarf anzupassen, kann man in etwa mit der Aufgabe vergleichen, zwei Waagschalen ins Gleichgewicht zu bringen, wenn einem nur ein Haufen Sand (die Hormone) zur Verfügung steht. Bedenkt man dabei, dass sich die äußeren Rahmenbedingungen ständig ändern, musst du dir zusätzlich noch ziemlich starken Wind vorstellen. Die hormonalen Regelungsmechanismen mussten also schnell, flexibel und empfindlich reagieren – schließlich liegen Hormone nur in sehr geringen Konzentrationen von 10^{-12} bis 10^{-6} mmol/l im Blut vor. Hormone werden typischerweise durch Hormondrüsen direkt ins Blut abgegeben. Daher wird diese Wirkung als endokrin bezeichnet – ein auf Erkrankungen des Hormonsystems spezialisierter Arzt ist also ein Endokrinologe. Exokrine Drüsen hingegen sezernieren über einen Ausführungsgang auf der Körperoberfläche (z. B. Talgdrüsen) oder in Körperhöhlen (z. B. Speicheldrüsen).

1.1 Chemische Einteilung der Hormone

In diesem Kapitel sind grundlegende Erläuterungen zu Hormonen, die sehr häufig zu den Einstiegsfragen in der mündlichen Prüfung gehören. Anhand ihrer chemischen Eigenschaften kann man Hormone in **lipophile** (hydrophobe) und **hydrophile** (lipophobe) Hormone einteilen. Diese Einteilung ist deshalb sinnvoll, weil lipophile und hydrophile Hormone sich in vielen Dingen ganz grundsätzlich unterscheiden, nämlich
– im Wirkmechanismus,
– durch den Transport im Blut und
– in den Synthesemechanismen.

So können die lipophilen Hormone im Blut nur effektiv transportiert werden, wenn sie an spezielle Transportproteine gebunden sind – sie sind aufgrund ihrer hydrophoben Struktur im Blut nicht ohne Weiteres löslich. Die hydrophilen Hormone dagegen benötigen keine Transportproteine und schwimmen einfach so mit dem Blut zu ihren Bestimmungsorten.

Lipophile Hormone sind Steroidhormone und Schilddrüsenhormone. Hydrophile Hormone können Peptid- oder Proteohormone und Aminosäurederivate sein.

	Steroidhormone	Peptid-/Proteohormone
Synthese	– aus Cholesterin – keine Speicherung, sondern direkte Sekretion	– aus Aminosäuren – können problemlos in ihren Ursprungszellen gespeichert werden – meist Synthese von Vorläufermolekülen, aus denen verschiedene Moleküle abgespalten werden
Wirkweise	wirken über intrazelluläre Rezeptoren auf die Transkription und Translation der Zielzellen	wirken über membranständige Rezeptoren und Second messenger
Abbau	Biotransformation in der Leber	Proteolyse in Plasma und Nieren

Tab. 1: Chemische Einteilung der Hormone

1 Hormonale Regulation

> **Merke!**
>
> Die Hormone von Hypothalamus und Hypophyse sind Peptid- oder Proteohormone.

1.2 Second messenger und intrazelluläre Rezeptoren

Die hydrophilen Hormone binden an die zellmembranständigen Rezeptoren und setzen damit intrazelluläre Signalketten über Second messenger in Gang. Dabei sind v. a. zwei wichtige Signalwege zu unterscheiden:

1. Stimulation oder Hemmung der Adenylatcyclase über G-Proteine verändert den cAMP-Spiegel der Zelle (s. auch Skript Biochemie 5). cAMP aktiviert die Proteinkinase A, ein Enzym, das andere Proteine phosphoryliert und darüber deren Aktivität beeinflusst (s. Abb. 1, S. 2).
2. Die Phospholipase C wird über G-Proteine aktiviert. Diese Lipase spaltet einen Bestandteil der Zellmembran, das Lipid PIP_2 (Phosphatidylinositolbisphosphat), zu IP_3 (Inositol-1, 4, 5-Trisphosphat) und DAG (Diacylglycerin). IP_3 wiederum setzt Ca^{2+} aus den intrazellulären Calciumspeichern frei (s. Abb. 1, S. 2).

Der Einsatz von Second messengern zur Signalvermittlung ist für den Organismus besonders gut geeignet, weil jedes G-Protein mehrere second messenger-Moleküle freisetzen kann und so eine Signalverstärkung möglich ist.

> **Übrigens ...**
>
> **G**-Proteine heißen so, weil sie **G**TP binden.

Zu den Second messengern gehören:
- cAMP (zyklisches Adenosin-Monophosphat),
- IP_3 (Inositol-Trisphosphat),
- Calciumionen und
- DAG (Diacylglycerin).

Im Gegensatz zu den hydrophilen Hormonen benutzen die lipophilen Hormone KEINE Second messenger. Sie binden an intrazelluläre Rezeptoren im Zellkern oder im Zytosol. Diese Hormon-Rezeptor-Komplexe können an die DNA im Zellkern binden und so z. B. die

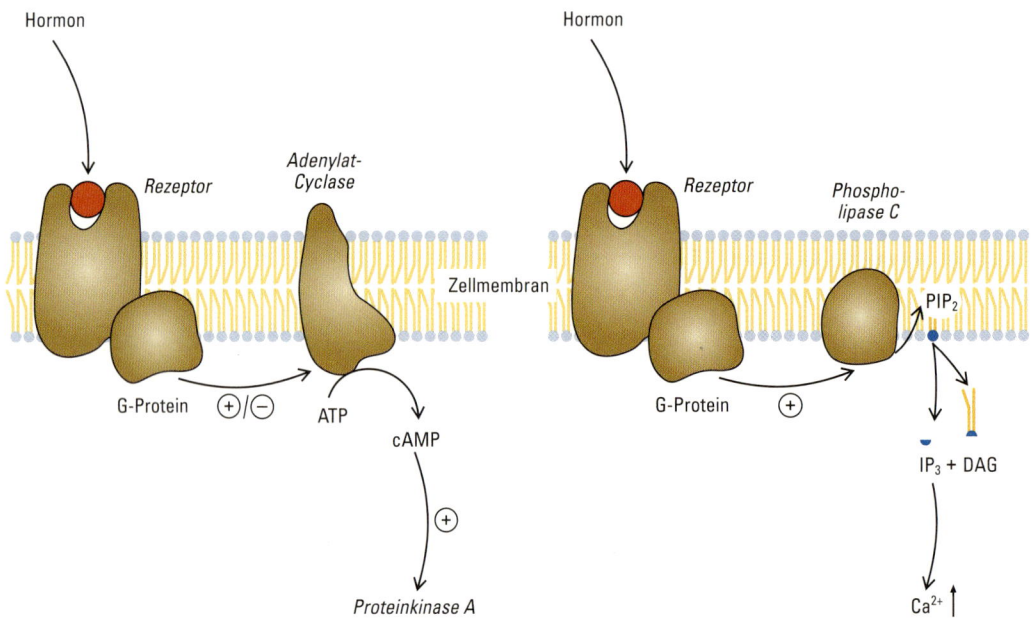

Abb. 1: Second messenger

medi-learn.de/6-physio2-1

1.3 Hypothalamisch-hypophysärer Regelkreis

Transkription bestimmter Enzyme hemmen oder fördern.

1.3 Hypothalamisch-hypophysärer Regelkreis

Der Hypothalamus ist sowohl Teil des endokrinen Systems als auch des zentralen Nervensystems. Somit bildet er die Schnittstelle zwischen der nervalen und hormonalen Regulation der Körperfunktionen.

Mit seinen Hormonen bildet der Hypothalamus die oberste Hierarchieebene im hypothalamisch-hypophysären Regelkreis. Seine Hormone – die **Liberine** (RH, **Releasing Hormones**) und **Statine** (IH, **Inhibiting Hormones**) gibt der Hypothalamus in seine Blutkapillaren ab. Diese vereinigen sich zur Vena portae hypophysis, die entlang des Hypophysenstiels zur Adenohypophyse (Hypophysenvorderlappen) zieht und sich dort erneut in ein Kapillarnetz aufspaltet. Dieses wird das **Pfortadersystem** der Hypophyse genannt. Unter einem Pfortadersystem versteht man zwei hintereinandergeschaltete Kapillarnetze. Die Liberine und Statine aus dem Hypothalamus binden an ihre Rezeptoren auf den Zellen der Adenohypophyse. Diese Zellen produzieren ebenfalls Hormone, deren Aktivität von den Liberinen und Statinen beeinflusst wird. Erstere stimulieren ihre Zielzellen, Letztere hemmen sie.

Die Hormone, die von der Adenohypophyse hergestellt werden, heißen Tropine. Die Tropine gelangen über den Blutweg zu ihren Zielzellen – den peripheren Hormondrüsen – deren Hormonausschüttung sie stimulieren. Bis jetzt haben wir gesehen, wie die Hormone der oberen Hierarchieebenen die Ausschüttung von Hormonen der unteren Hierarchieebenen verändern.

Das alleine macht aber noch keinen funktionsfähigen Regelkreis. Deshalb gibt es physiologische Feedbacks – die negative Rückkopplung. Die Hormone der unteren Hierarchieebenen hemmen dabei die Hormonausschüttung auf oberen Hierarchieebenen.

Die oberen Hierarchieebenen (Hypothalamus und Hypophyse) stimulieren die Ausschüttung der peripheren Hormone. Bei ausreichenden oder zu hohen Hormonspiegeln werden Hypothalamus und Hypophyse durch negative Rückkopplung gehemmt. Auf diese Weise werden starke und unerwünschte Schwankungen der Hormonspiegel vermieden.

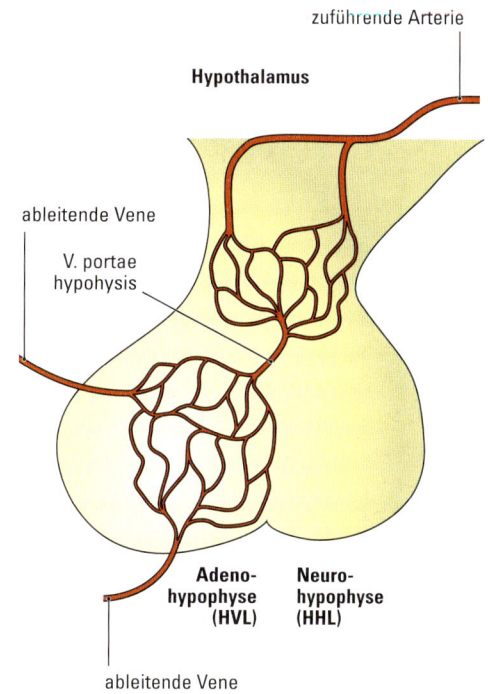

Abb. 2: Pfortadersystem der Hypophyse

medi-learn.de/6-physio2-2

1.3.1 Störungen des hypothalamisch-hypophysären Regelkreises

Auch in diesem Kapitel sind wieder wichtige Grundlagen für die mündliche Prüfung. Die Störungen des Regelkreises kann man nach zwei verschiedenen Gesichtspunkten einteilen:
– in Unter- und Überfunktionen sowie
– in primäre und sekundäre Störungen.

Das Begriffspaar Unter- und Überfunktionen bezieht sich dabei auf die Konzentration des Hormons der peripheren Hormondrüse – der

1 Hormonale Regulation

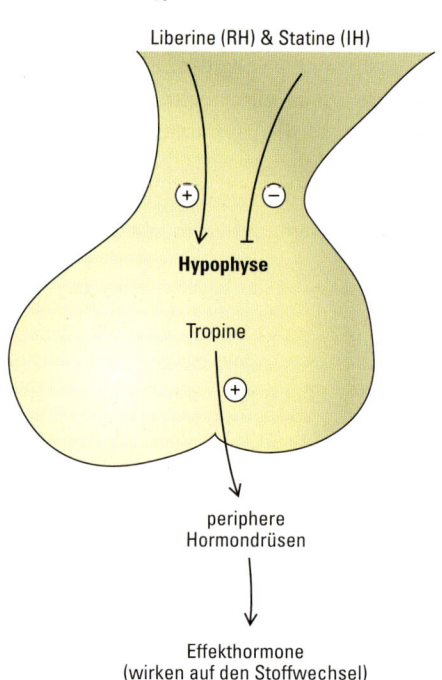

Abb. 3: Hypothalamisch-hypophysäre Hierarchie
medi-learn.de/6-physio2-3

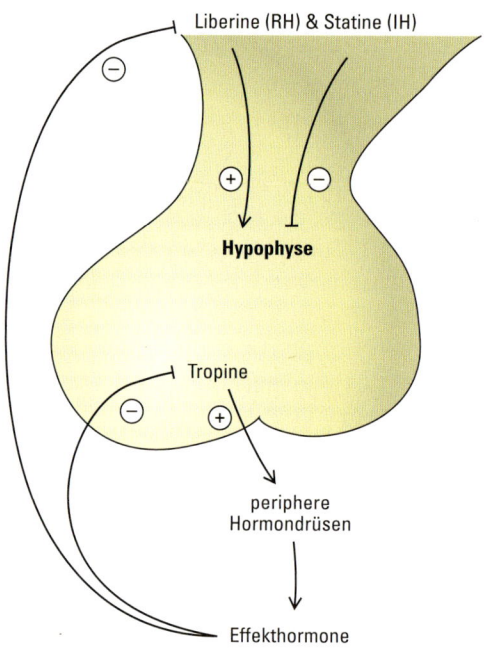

Abb. 4: Hypothalamisch-hypophysärer Regelkreis
medi-learn.de/6-physio2-4

untersten Hierarchieebene – im Blut: Ist diese zu niedrig, liegt eine Unterfunktion vor; ist sie zu hoch, eine Überfunktion.
Das Begriffspaar primär und sekundär bezieht sich auf den Ort der Störungsursache: eine primäre Funktionsstörung hat ihre Ursache in der peripheren Drüse, eine sekundäre auf der davor geschalteten Ebene. Auch tertiäre Störungen sind möglich.

> **Beispiel**
> Ist die Schilddrüse – z. B. bei Jodmangel – nicht mehr zur ausreichenden Hormonsynthese in der Lage, liegt eine primäre Unterfunktion vor. Hypophyse und Hypothalamus versuchen dabei, den Mangel an Schilddrüsenhormon auszugleichen: Sie produzieren mehr Hormone, die die Schilddrüse stimulieren, da ja die negative Rückkopplung durch die Schilddrüsenhormone wegfällt (s. Abb. 5, S. 5).

Fehlt dagegen aufgrund einer Schädigung der Hypophyse das schilddrüsenstimulierende Hormon, so liegt auch eine Unterfunktion vor – dieses Mal allerdings eine sekundäre.
Bei einer primären Überfunktion supprimiert (unterdrückt) das Hormon der Schilddrüse (Thyroxin) das schilddrüsenstimulierende Hormon der Hypophyse (TSH = Thyreotropin) über den Weg der negativen Rückkopplung.
Bei einer sekundären Überfunktion schließlich ist aufgrund einer erhöhten Aktivität der Hypophyse auch die Aktivität der Schilddrüse gesteigert.

1.3.2 Hormone des Hypothalamus

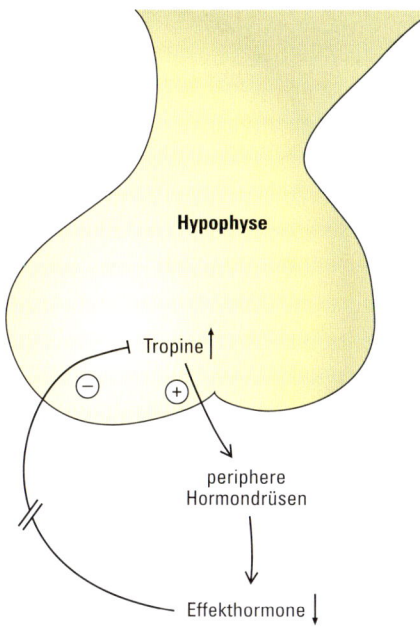

Abb. 5: Ausfall der negativen Rockkopplung

medi-learn.de/6-physio2-5

> **Merke!**
>
> Diese Mechanismen der Hormonregulation sind wirklich wichtiges Grundlagenwissen, das du unbedingt verstanden haben solltest, da es dir nicht nur im Physikum, sondern auch in den klinischen Fächern noch sehr viel weiterhilft.

	Hormon der peripheren Drüse	Hormon der Adenohypophyse
primäre Unterfunktion	↓	↑
sekundäre Unterfunktion	↓	↓
primäre Überfunktion	↑	↓
sekundäre Überfunktion	↑	↑

Tab. 2: Unter- und Überfunktionen

1.3.2 Hormone des Hypothalamus

Die Hormone des Hypothalamus werden im schriftlichen Examen selten gefragt aber in der mündlichen Prüfung kommen sie durchaus öfter mal vor:
- TRH = Thyreotropin-Releasing-Hormon = Thyreoliberin zur Stimulation der Schilddrüsenachse
- CRH = Corticotropin-Releasing-Hormone = Corticoliberin zur Stimulation der Nebennierenrindenachse
- GnRH = Gonadotropin-Releasing-Hormon = Gonadoliberin zur Simulation der Gonadenachse
- GHRH = Growth-Hormone-Releasing-Hormon = Somatoliberin
- GHIH = Growth-Hormone-Inhibiting-Hormon = Somatostatin
- PIH = Prolaktin-Inhibiting-Hormon

Das Prolaktin-Inhibiting-Hormon ist identisch mit dem Neurotransmitter Dopamin.
In den schriftlichen Prüfungen findet man zu zwei hypothalamischen Hormonen Fragen, nämlich
- zum Gonadotropin-Releasing-Hormone (GnRH) und
- zum Somatostatin (GHIH).

GnRH

GnRH ist vor der Pubertät nur in geringen Mengen vorhanden. In der Pubertät steigt seine Sekretion stark an und die pulsatile Freisetzung beginnt. Dabei wird das Hormon etwa alle 60–90 Minuten stoßweise ausgeschüttet, was eine notwendige Grundlage für die Wirkung von GnRH ist.

Somatostatin

Das Hormon Somatostatin kommt nicht nur im Hypothalamus, sondern auch in anderen sezernierenden Zellen vor – unter anderem im

1 Hormonale Regulation

Magen-Darm-Trakt. In der Hypophyse hemmt es die Ausschüttung von Wachstumshormon, im Magen-Darm-Trakt über verschiedene Wege die Verdauung. Außerdem hemmt es auch die Sekretion von Insulin und Glukagon durch das endokrine Pankreas.

> **Übrigens …**
> Es ist KEINE stimulierende Wirkung von Somatostatin bekannt. Bei Fragen in der Art von „Welches Hormon stimuliert …?" ist „Somatostatin" daher immer die falsche Antwort.

1.3.3 Hormone der Adenohypophyse

Die Hormone der Adenohypophyse (Hypophysenvorderlappen) lassen sich in glandotrope Hormone und Effektorhormone unterteilen. Die glandotropen Hormone stimulieren periphere endokrine Organe, die Effektorhormone wirken dagegen direkt auf den Stoffwechsel der Zielzellen. Auch bei der Sekretion gibt es Unterschiede:
Die Sekretion der glandotropen Hormone wird nur über hypothalamische Releasing-Hormone gesteuert (es gibt KEINE Inhibiting-Hormone), für die Effektorhormone dagegen ist je ein Releasing- und ein Inhibiting-Hormon bekannt.

Glandotrope Hormone

Glandotrope Hormone sind Hormone aus der Adenohypophyse, die auf periphere Drüsen wirken. In diesem Kapitel solltest du dir vor allem einen Überblick über die verschiedenen Regelkreise verschaffen. Schriftliche Fragen direkt zu den glandotropen Hormonen sind eher selten. Es gehört aber zum Grundlagenwissen – vor allem auch fürs Mündliche – dazu, die Namen zu kennen und die Hormone ihrer Wirkung auf die peripheren Hormondrüsen zuordnen zu können.

- TSH = Thyroidea-stimulierendes-Hormon = Thyreotropin stimuliert die Schilddrüse zur Produktion von Schilddrüsenhormonen.
- ACTH = Adrenocorticotropes Hormon = Corticotropin stimuliert die Nebennierenrinde zur Produktion von Glucocorticoiden und Androgenen.
- LH = luteinisierendes Hormon = Luteotropin stimuliert beim Mann die Testosteronproduktion des Hodens. Bei der Frau sorgt es für den Erhalt des Corpus luteum nach dem Eisprung und erhält so die Progesteronproduktion aufrecht.
- FSH = follikelstimulierendes Hormon = Follitropin stimuliert bei Männern und Frauen die Keimzellreifung.

POMC

Eine wichtige Besonderheit gibt es bei der Synthese des ACTH: Hierbei synthetisiert die Hypophyse ein Vorläufermolekül des ACTH, das POMC (Pro-Opio-Melano-Cortin). Sein Name leitet sich von den einzelnen Bestandteilen des **POMC** ab, die daraus abgespalten werden:
- β-Endorphin (ein endogenes **O**pioid)
- **M**elanozyten-stimulierendes-Hormon (MSH)
- A**C**TH (Adrenocorticotropes Hormon) und
- β-Lipotropin

Das „Pro" steht für „Vorläufer"molekül. Die Synthese des POMC wird durch CRH stimuliert. Bei einer primären Insuffizienz der Nebennierenrinde (Morbus Addison) kommt es zu einer starken Stimulation der POMC-Synthese durch den Wegfall der negativen Rückkopplung. Damit entstehen aber auch vermehrt die Nebenprodukte des ACTH. Aufgrund des erhöhten Spiegels an Melanozyten-stimulierenden Hormonen kommt es daher bei Morbus Addison zu einer verstärkten Bräunung der Haut.

Effektorhormone

Als Effektorhormone werden Hormone bezeichnet, die direkt auf periphere Gewebe oder den Stoffwechsel wirken – im Gegensatz zu

1.3.3 Hormone der Adenohypophyse

den glandotropen Hormonen der Hypophyse. Nach den Effektorhormonen Prolaktin und Somatotropin wurde im Physikum häufig gefragt. Es lohnt sich also, wenn du dir deren Wirkungen und Regulationsmechanismen genau einprägst.

Prolaktin = PRL

Der wichtigste Regulationsmechanismus der Prolaktinfreisetzung ist die Hemmung durch das zugehörige Inhibiting-Hormon des Hypothalamus, der Neurotransmitter Dopamin. Es ist aber auch ein Releasing-Hormon für das Prolaktin bekannt, nämlich das TRH (Thyreotropin-Releasing-Hormon), das auch die Schilddrüsenhormonachse steuert.

> **Übrigens ...**
> Die Funktion von TRH als Prolaktin-Releasing-Hormon wurde erst vor kurzer Zeit entdeckt und spiegelt sich deshalb in der Benennung nicht wider.

Zum Prolaktin solltest du dir drei wichtige Wirkungen merken:
1. Während der Schwangerschaft steuert Prolaktin den Umbau der Brustdrüse, um die Milchbildung zu ermöglichen.
2. Während der Stillzeit regt Prolaktin die Milchbildung an. In dieser Zeit ist der Saugreiz an der Mamille der wichtigste Stimulus für die Prolaktinausschüttung. Genauer gesagt: Der Saugreiz bewirkt eine verminderte Sekretion des Prolaktin-Inhibiting-Hormons Dopamin.
3. Prolaktin wirkt hemmend auf die Freisetzung von LH und unterdrückt dadurch den Eisprung.

Somatotropin = STH = somatotropes Hormon = Wachstumshormon = GH = Growth-Hormon

Die Sekretion des Somatotropins wird von Somatoliberin (GHRH) stimuliert und von Somatostatin (GHIH) gehemmt.
Das Somatotropin steuert das Längenwachstum und wird daher auch als Wachstumshormon bezeichnet. Außerdem bewirkt es Veränderungen im Energiestoffwechsel: Der Blutzucker wird erhöht und die Lipolyse stimuliert. Als Merkhilfe kannst du dir vorstellen, dass dem Körper Energie zum Wachsen zur Verfügung gestellt werden soll. Gleichzeitig wird die Proteinsynthese stimuliert, da der Körper Proteine für das Gewebewachstum benötigt.
Die Wirkungen auf den Energiestoffwechsel sind direkte Wirkungen des Wachstumshormons; die Stimulation des Längenwachstums geschieht indirekt über die Bildung von Wachstumsfaktoren in der Leber. Ohne die Wachstumsfaktoren IGF-1 und IGF-2 (Insuline – like Growth Factor) kann STH daher kein Längenwachstum bewirken. IGF-1 wird auch „Somatomedin C" und IGF-2 „Somatomedin A" genannt. Pathophysiologisch sind sowohl eine Überproduktion als auch ein Mangel an Wachstumshormon relevant. Bei Kindern und Jugendlichen mit Wachstumshormonmangel kommt es zum proportionierten Minder-

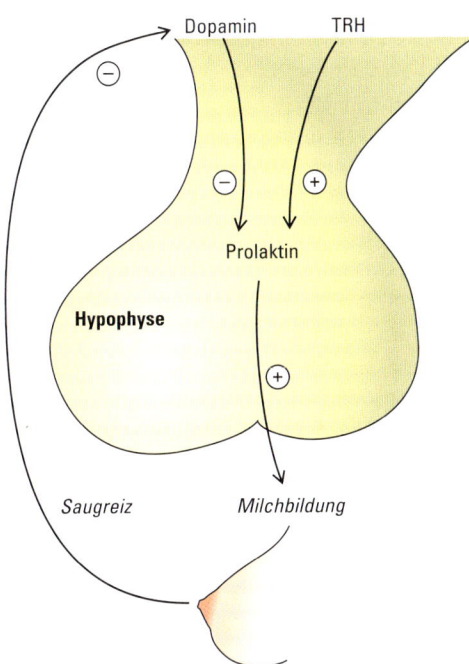

Abb. 6: Regulation und Wirkung des Prolaktins
medi-learn.de/6-physio2-6

1 Hormonale Regulation

wuchs, eine Überproduktion äußert sich als proportionierter Riesenwuchs.

Für Erwachsene hat ein Wachstumshormonmangel dagegen nur geringe pathologische Konsequenzen: Die Überproduktion führt zum Krankheitsbild der **Akromegalie** mit Wachstum von Zehen und Fingern (Schuhe und Ringe werden zu klein), Vergröberung der Gesichtszüge und Vergrößerung der Zunge.

Auch die Pathophysiologie des Wachstumshormons ist für das Physikum relevant. Hier solltest du dir besonders das Krankheitsbild der Akromegalie gut einprägen!

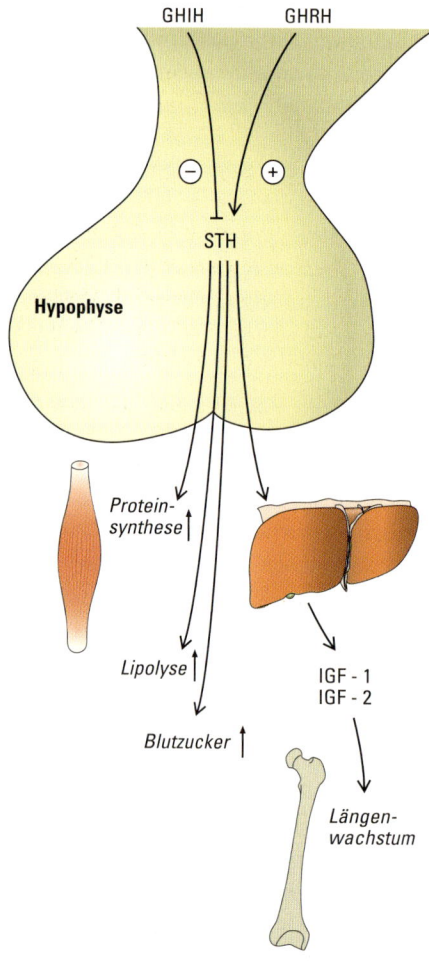

Abb. 7: Direkte und indirekte Wirkungen des STH

medi-learn.de/6-physio2-7

Pathophysiologie der Adenohypophyse

Recht häufig ist die Bildung von Tumoren in der Adenohypophyse. Die meisten dieser Tumore sind gutartig und produzieren nur ein Hormon; mit Abstand am häufigsten treten prolaktinbildenden Tumore (Prolaktinome) auf.

Die Tumore werden einerseits durch die entsprechende Hormonwirkung, andererseits durch die Verdrängung nahegelegener Strukturen klinisch auffällig. Eine Wucherung der Hypophyse kann durch Druck auf die Sehbahn zu Gesichtsfeldausfällen führen; eine typische Folge ist die bitemporale Hemianopsie.

Selten sind Unterfunktionen der Hypophyse durch Zerstörung eines Großteils des Gewebes. Die hormonabhängigen Symptome bei Überfunktionen der Adenohypophyse sind:
- TSH-Überproduktion: Gewichtsverlust, Wärmeintoleranz, Tachykardie (schneller Puls)
- ACTH-Überproduktion: Cushing-Syndrom (s. 1.6.1, S. 12)
- LH-Überproduktion: zu frühe Pubertätsentwicklung (Pubertas praecox)
- FSH-Überproduktion: zu frühe Pubertätsentwicklung (Pubertas praecox)
- Prolaktin-Überproduktion: bei Männern Wachstum der Brustdrüsen (Gynäkomastie), bei Frauen Ausbleiben der Menstruation (Amenorrhoe) und Milchfluss (Galaktorrhoe)
- Somatotropin-Überproduktion: bei Erwachsenen Akromegalie, bei Jugendlichen proportionierter Riesenwuchs

Nach einigen dieser Krankheitsbilder wird auch im Physikum gefragt. Deshalb solltest du die Symptome der TSH-Überproduktion und damit der Schilddrüsenüberfunktion, der ACTH-Überproduktion (Morbus Cushing) und der Somatotropin-Überproduktion kennen. Auch nach der bitemporalen Hemianopsie als Symptom eines Hypophysentumors wurde schon gefragt. Allerdings geht die Bedeutung dieser Krankheitsbilder noch weit über das Physikum hinaus: Es sind wichtige Erkrankungen,

die dir auch später in der Klinik immer wieder begegnen werden.

1.4 Hormone der Neurohypophyse

Oxytocin und ADH (antidiuretisches Hormon) sind die zwei Hormone der Neurohypophyse (Hypophysenhinterlappen). Sie werden im Hypothalamus synthetisiert und gelangen über axonalen Transport zur Neurohypophyse, wo sie ins Blut abgegeben werden.

1.4.1 Oxytocin

Oxytocin stimuliert bei der Geburt die Kontraktionen des Uterus und steuert die Kontraktion der myoepithelialen Zellen in den Azini der Brustdrüse, wodurch die Milchaustreibung ermöglicht wird.
Ebenso wie beim Prolaktin ist der Saugreiz an der Mamille Ausschüttungsreiz für Oxytocin.

1.4.2 ADH (antidiuretisches Hormon = Vasopressin)

Das antidiuretische Hormon wird nicht direkt synthetisiert. Vielmehr produziert der Hypothalamus eine Vorstufe – das Pro-Vasopressin – aus dem dann das eigentliche Vasopressin abgespalten wird.
ADH hat zwei wichtige und daher wissenswerte Wirkungen:
1. In der Niere wirkt ADH über den V_2-Rezeptor auf das Sammelrohr und den distalen Tubulus. Im Sammelrohr bewirkt es – über eine Stimulation der Adenylatcyclase und den Second messenger cAMP – den Einbau von Aquaporinen in die luminale Membran der Tubuluszellen. Aquaporine (auf Wassertransport spezialisierte Kanäle) dienen der Rückresorption von Wasser aus dem Urin und damit der Urinkonzentration.
2. Über V_1-Rezeptoren wirkt ADH auf die glatte Gefäßmuskulatur. Dort erhöht es über den Second messenger IP_3 den intrazellulären Calciumspiegel und führt so zur Kontraktion der Gefäßmuskulatur.

ADH erhöht also auf zwei verschiedenen Wegen den Blutdruck: über eine Erhöhung des Plasmavolumens und über eine Erhöhung des Gefäßwiderstandes.
Da ADH nur reines Wasser resorbiert, lassen sich die Freisetzungsreize aus den ADH-Wirkungen ableiten: Erhöhte Plasmaosmolalität und Volumenmangel führen zur ADH-Ausschüttung.
Zum Schluss noch eine gern gefragte Besonderheit des antidiuretischen Hormons: ADH stimuliert die Sekretion des Adrenocorticotropen Hormons (ACTH) aus der Adenohypophyse.
Als Hormon der Neurohypophyse wird die Ausschüttung von ADH nicht durch Releasing- und Inhibiting-Hormone reguliert. Schließlich stammen die Hormone der Neurohypophyse selbst aus dem Hypothalamus.

> **Merke!**
>
> ADH wird im Hypothalamus synthetisiert, aber von der Neurohypophyse sezerniert. Im Schriftlichen findet sich oft die Falschaussage: „ADH wird in der Neurohypophyse synthetisiert." Lass dich davon bitte nicht verwirren.

1.5 Schilddrüsenhormone

Die Schilddrüsenhormone sind Thyroxin (T_4) und Trijodthyronin (T_3). Ihre Synthese und Sekretion wird über den hypothalamisch-hypophysären Regelkreis gesteuert. Sowohl T_4 als auch T_3 sind lipophile Hormone (s. 1.1, S. 1), die über Hormon-Rezeptor-Komplexe im Zellkern die Proteinsynthese der Zielzellen stimulieren.

1.5.1 Synthese der Schilddrüsenhormone

Die funktionellen Einheiten der Schilddrüse sind die Schilddrüsenfollikel.
Im Verlauf der Synthese durchlaufen die Vorstufen der Schilddrüsenhormone die verschiedenen Kompartimente der Follikel:

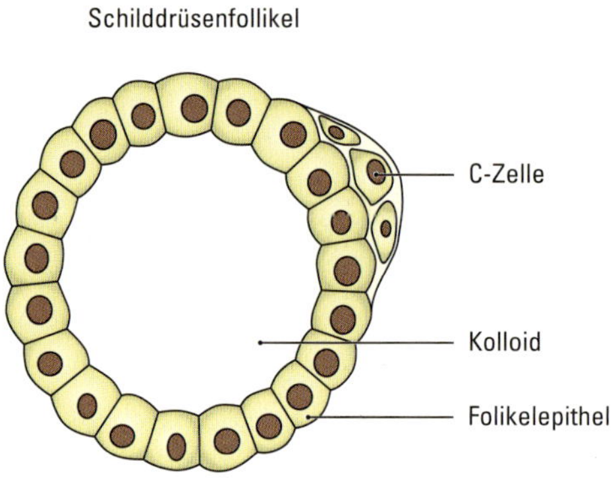

1 Hormonale Regulation

Abb. 8: Schilddrüsenfollikel Schema

medi-learn.de/6-physio2-8

In den Follikelepithelzellen wird das Glykoprotein **Thyreoglobulin** synthetisiert, das viele Tyrosinreste enthält. Aus dem Blut nehmen die Follikelepithelzellen über einen **sekundär aktiven und spezifischen Transport Jodid** (I⁻) auf. Dieses Jodid wird durch die Thyreoperoxidase oxidiert, die sich in der kolloidseitigen Zellmembran der Thyreozyten befindet. Anschließend wird das entstandene Jod mittels desselben Enzyms an die Tyrosinreste des Thyreoglobulins gebunden. Da je zwei Tyrosinreste später ein Schilddrüsenhormon bilden, werden noch in der Bindung im Thyreoglobulin je zwei Tyrosinreste miteinander verknüpft. Das so jodierte Thyreoglobulin wird nun ersteinmal im Follikellumen (Kolloid) gespeichert.

Zur Sekretion der Schilddrüsenhormone wird das Thyreoglobulin aus dem Kolloid wieder in die Epithelzellen aufgenommen. Die Schilddrüsenhormone werden proteolytisch abgespalten und sezerniert.

Dabei entstehen T_4 und T_3 im Verhältnis 20:1. Die lipophilen Schilddrüsenhormone benötigen für den Transport im Blut Trägerproteine. Das wohl Bekannteste ist das Thyroxin bindende Globulin (TBG), aber auch das Albumin und Thyroxin bindende Präalbumin (TBPA) transportiert Schilddrüsenhormone. Diese Transportproteine werden allesamt in der Leber synthetisiert.

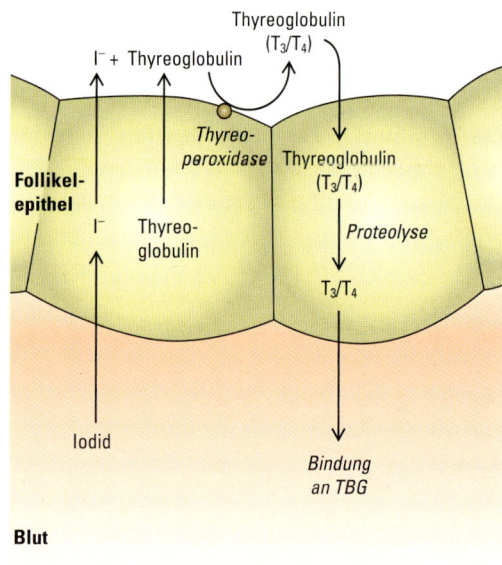

Abb. 9: Synthese Schilddrüsenhormone

medi-learn.de/6-physio2-9

1.5.2 Wirkung der Schilddrüsenhormone

In den Zielzellen der Schilddrüsenhormone befindet sich ein Enzym (Dejodase), das vom aufgenommenen T_4 ein Jodatom abspaltet, sodass daraus das biologisch wesentlich aktivere T_3 entsteht.

Als Abfallprodukt entsteht dabei noch das biologisch inaktive rT_3 (reverses T_3).

In den Körperzellen stimulieren die Schilddrüsenhormone die Synthese der Na^+/K^+-ATPasen und erhöhen darüber den Energieverbrauch und die Wärmebildung des Körpers.

Weitere Wirkungen auf den Zellstoffwechsel führen zu einer Interferenz der Schilddrüsenhormone mit dem sympathischen Nervensystem. Dies zeigt sich besonders deutlich am Herzen, dessen Zellen durch die Schilddrüsenhormone für die Wirkungen der Katecholamine sensibilisiert werden.

Die wichtigsten Symptome einer Hyperthyreose lassen sich aus den genannten Wirkungen ableiten:

- Gewichtsverlust,
- Wärmeintoleranz,
- Pulsanstieg (evtl. Herzrhythmusstörungen) und
- Unruhe.

1.5.3 Pathophysiologie: Schilddrüsenfunktionsstörungen

Da in den letzten Physika auch die Pathophysiologie der Schilddrüse Thema der Fragen war, beschäftigen wir uns jetzt noch mit Hypothyreose, Morbus Basedow und dem autonomen Adenom.

Hypothyreose

Von einer Hypothyreose spricht man bei erniedrigten Konzentrationen von Schilddrüsenhormonen im Blut. Meist liegt eine primäre Hypothyreose vor, also eine mangelnde Hormonbildung aufgrund einer Entzündung, eines Defekts der Schilddrüse oder eines Jodmangels, bei dem das TSH entsprechend erhöht ist. Beim Jodmangel kommt es nicht selten zur Vergrößerung der Schilddrüse, der Struma. Verantwortlich dafür sind die dauerhaft erhöhten TSH-Konzentrationen. Dieses Hormon regt nämlich nicht nur die Bildung von Schilddrüsenhormonen an, sondern stimuliert über die TSH-Rezeptoren auch das Wachstum der Schilddrüse. Symptome der Hypothyreose sind

- vermehrte Kälteempfindlichkeit,
- Gewichtszunahme und
- Lethargie.

Morbus Basedow

Eine besondere Form von Hyperthyreose ist der Morbus Basedow, eine Autoimmunerkrankung, bei der der Körper aus unbekannten Gründen Antikörper produziert, die an die TSH-Rezeptoren der Schilddrüse binden. Dadurch wird die Schilddrüse dauerhaft stimuliert. Dies führt zur vermehrten Bildung von Schilddrüsenhormonen und zum Wachstum der Schilddrüse (auch hier entsteht eine Struma). Symptome des Morbus Basedow sind

- Tachykardie,
- Wärmeintoleranz,
- Durchfall und
- Gewichtsverlust.

Das körpereigene TSH ist aufgrund der primären (schilddrüsenbedingten) Hyperthyreose supprimiert, also fast nicht nachweisbar niedrig.

Ein weiteres Symptom des Morbus Basedow, das Hervorquellen der Augen (Exophthalmus) ist von den Wirkungen auf die Schilddrüse unabhängig.

Autonomes Adenom

Bei einem autonomen Adenom der Schilddrüse kommt es ebenfalls zu einer primären Hyperthyreose mit den oben genannten Symptomen. Bilden sich in der Schilddrüse Adenome, kommt es vor, dass diese Adenomzellen nicht mehr auf Signale von außen reagieren: Sie produzieren ihre Schilddrüsenhormone unabhängig von einer Stimulation durch TSH oder einem Mangel an TSH und verursachen damit eine Hyperthyreose. Deshalb werden sie als „autonom" bezeichnet. Das körpereigene TSH wird supprimiert, da ja eine primäre Hyperthyreose vorliegt. Die gesunden Anteile der Schilddrüse produzieren aufgrund des TSH-Mangels kaum noch Schilddrüsenhormone.

> **Übrigens ...**
> Ein Adenom bezeichnet einen gutartigen Tumor von Drüsenzellen. Ein Adenom kann also prinzipiell in jedem drüsigen Gewebe (Nebenniere, Speicheldrüse, Pankreas oder eben in der Schilddrüse) vorkommen.

1.6 Nebennierenrindenhormone

Alle Hormone der Nebennierenrinde sind lipophile Steroidhormone. Die Nebennierenrinde besteht aus drei Zonen, von denen jede jeweils vorwiegend eine Art von Hormonen bildet:

1 Hormonale Regulation

- In der äußeren Zona glomerulosa werden die Mineralcorticoide (Aldosteron) gebildet.
- In der Zona fasciculata entstehen die Glucocorticoide (Cortisol),
- und die innere Zona reticularis schließlich ist für die Bildung der Androgene (Testosteron) verantwortlich.

Die Glucocorticoide und Androgene werden ACTH-abhängig synthetisiert, also über den hypothalamisch-hypophysären Regelkreis gesteuert. Im Gegensatz dazu werden die Mineralcorticoide vor allem über das Renin-Angiotensin-System reguliert. ACTH fördert deren Ausschüttung zwar auch, jedoch nur in geringem Ausmaß (s. Skript Physiologie 1).

1.6.1 Cortisol

„Cortisol" und „Cortison" sind, wenn man es ganz genau nimmt, zwei unterschiedliche Moleküle, die sich aber nur an einer Stelle ihrer Strukturformel unterscheiden. Cortisol (auch Hydrocortison genannt) ist die aktive Form und Cortison die inaktive Form.

Cortisol ist der wichtigste Vertreter der Glucocorticoide. Die Sekretion folgt einem stabilen, zirkadianen Rhythmus mit einem Maximum in den frühen Morgenstunden und einem Minimum um Mitternacht. Es wirkt vor allem auf den Energiestoffwechsel:

- Cortisol erhöht den Blutzuckerspiegel durch Steigerung der Gluconeogenese. Es wirkt also insulinantagonistisch! Bei einer Cortisontherapie kann es deshalb zum „Steroiddiabetes" kommen.
- Cortisol wirkt proteolytisch und lipolytisch, bewirkt also den Abbau von Muskel- und Fettgewebe.
- Über verschiedene Wege wirkt Cortisol immunsuppressiv. Dies macht seinen therapeutischen Wert aus: Zur Unterdrückung von entzündlichen Erkrankungen ist das Cortison in der heutigen Medizin immer noch unverzichtbar.
- Cortisol hat außerdem eine katabole Wirkung auf den Knochen und kann so eine Osteoporose herbeiführen.
- Cortisol kann auch an die Aldosteron-Rezeptoren binden und dort synergistisch wirken. So kann es zu Bluthochdruck kommen.

Aus diesen wichtigsten Wirkungen des Cortisols kannst du ganz leicht auch die Nebenwirkungen bei Cortisontherapie (oder die Symptome bei überschießender endogener Cortisolproduktion) ableiten. Das dazugehörende Krankheitsbild wird **Cushing-Syndrom** genannt und hat folgende Symptome:

- Steroiddiabetes (Hyperglykämie)
- Hypertonie (Hypernatriämie) aufgrund der aldosteronartigen Wirkung
- Osteoporose
- typische Umverteilung des Körperfettes (Stammfettsucht, Mondgesicht und Büffelnacken; sehr dünne Extremitäten auch dank der folgenden Symptome)
- Muskelabbau (Proteolyse)
- Atrophie der Haut
- Neigung zu Thrombosen

Von einem Morbus Cushing spricht man nur, wenn dem Hypercortisolismus ein ACTH-produzierender Tumor der Adenohypophyse zugrunde liegt.

Wird aufgrund einer entzündlichen Grunderkrankung längerfristig mit Cortison therapiert, darf die Therapie auf keinen Fall abrupt beendet werden. Die exogenen Glucocorticoide sorgen nämlich für eine Suppression des ACTH aus der Hypophyse. Da Letzteres jedoch ein wichtiger Wachstumsfaktor für die Nebennierenrinde ist, kann ein längerfristiges Fehlen von ACTH zur Atrophie der NNR führen. Bei plötzlichem Absetzen der Cortison-Medikation ist die NNR nicht sofort zur Synthese von Glucocorticoiden in der Lage, was lebensgefährlich sein kann. Als klinische Symptome des Cortisolmangels stehen Schwäche, Übelkeit, Appetitlosigkeit, Erbrechen und Gewichtsverlust sowie niedrige Blutzuckerspiegel im Vordergrund.

1.6.2 Pathophysiologie: Nebennierenrindeninsuffizienz

Im Rahmen von Autoimmunerkrankungen kann es zu einer primären Nebennierenrindeninsuffizienz (Morbus Addison) kommen. Der daraus resultierende Mangel an Glucocorticoiden und Mineralcorticoiden kann – vor allem durch massive Störungen im Elektrolythaushalt – schnell lebensgefährlich werden. Das Fehlen der Nebennierenrindenhormone führt zum Verlust von Natrium und Wasser (mineralcorticoide Wirkung). Außerdem kommt es durch das Ausbleiben der negativen Rückkopplung des Cortisols zur erhöhten Produktion von ACTH bzw. POMC. Das bei der Spaltung von POMC vermehrt anfallende α-MSH führt dann zur Bräunung der Haut.

1.7 Gonadenhormone

Die Gonadenhormone Östrogen, Progesteron und Testosteron sind ebenfalls Steroidhormone. Auch ihre Ausschüttung wird über den hypothalamisch-hypophysären Regelkreis (mit-) gesteuert. Bei den weiblichen Gonadenhormonen ist allerdings der zyklische Funktionsverlauf des Ovars der wichtigere Steuermechanismus für die Hormonkonzentrationen.

1.7.1 Östrogen

Der heranreifende Follikel im Ovar synthetisiert unter dem Einfluss von FSH Östrogene. Diese induzieren am Uterus die Proliferation des Endometriums (Proliferationsphase) als Vorbereitung auf die Einnistung der befruchteten Eizelle.

1.7.2 Progesteron

Progesteron wird nach dem Eisprung vom Gelbkörper (Corpus luteum) im Ovar synthetisiert. Es bewirkt die Umwandlung des Endometriums in sekretorische Schleimhaut (Sekretionsphase). Außerdem wirkt Progesteron auf das temperaturregulatorische Zentrum des Hypothalamus und bewirkt dort eine Sollwertverstellung. Deshalb steigt während der zweiten Zyklushälfte die Körpertemperatur um ca. 0,5 °C an. Auf der Basis dieses Mechanismus ist die (unzuverlässige!) „Temperaturmethode" zur Verhütung entwickelt worden.

1.7.3 Testosteron

Testosteron wird unter Einfluss von LH von den Leydig-Zellen des Hodens produziert. Es bewirkt die Ausbildung der inneren und äußeren männlichen Geschlechtsorgane sowie das Wachstum der Achsel- und Schambehaarung in der Pubertät (auch bei Frauen – hier stammt das Testosteron allerdings aus der Nebennierenrinde). Ein unangenehmer Nebeneffekt von Testosteron ist die Stimulation der Talgdrüsen der Haut – so kann Akne entstehen.

> **Merke!**
>
> FSH stimuliert bei beiden Geschlechtern die Keimzellbildung: bei Frauen die Follikelreifung, bei Männern die Spermatogenese.

1.8 Verlauf und Steuerung des weiblichen Zyklus

Der weibliche Zyklus wird im Allgemeinen in vier Phasen unterteilt. Schaffst du es, dir diese Phasen und das jeweils dominierende Hormon zu merken, hast du eigentlich schon das Schlimmste geschafft.

1. Die erste Zyklusphase ist die **Menstruationsphase** – der erste Tag der Menstruation ist als erster Zyklustag definiert. Die Menstruation wird durch Abfall der weiblichen Gonadenhormone Östrogen und Progesteron ausgelöst. Die Menstruation dauert zwei bis sieben Tage mit großen individuellen Unterschieden.
2. In der zweiten Phase, der **Follikelphase**, dominiert das FSH aus der Adenohypophyse.

1 Hormonale Regulation

Es sorgt für die Selektion und Heranreifung eines Follikels im Ovar. Dieser Follikel produziert nun kräftig Östrogene – je größer er wird, desto mehr. Gegen Ende der Follikelphase erreicht die Östrogenkonzentration ihr Maximum. Die Follikelphase dauert bis zum 13. Tag.

3. Am 14. Zyklustag findet die Ovulation, also der Eisprung statt. Sie wird durch ein sehr hohes und nur kurz dauerndes Maximum des hypophysären Hormons LH, also des luteinisierenden Hormons, ausgelöst. Obwohl die Ovulation genaugenommen nur ein Zeitpunkt ist, wird dieser Zeitraum dennoch als Ovulationsphase des Zyklus bezeichnet.

4. In der **Lutealphase** werden die Follikelreste in den Gelbkörper (Corpus luteum) umgewandelt. Zum Erhalt des Gelbkörpers ist LH aus der Hypophyse unbedingt notwendig. Der Gelbkörper produziert Progesteron, das die Körpertemperatur um ca. 0,5 °C erhöht.

Um die Schwankungen der Hormonkonzentrationen im Zyklusverlauf zu verstehen, solltest du dir vor Augen halten, dass das **Ovar** der wichtigste **Taktgeber** für den Zyklus ist. Die Synthesekapazität und -spezifität des Ovars limitiert die Menge der ins Blut abgegebenen Hormone – so kann der Follikel in der Follikelphase eben nur Östrogen und kein Progesteron synthetisieren. Natürlich unterliegen Östrogen und Progesteron auch der Regulation im hypothalamisch-hypophysären System, allerdings mit einer Besonderheit: Östrogen wirkt in hohen Dosen (ab einem bestimmten Schwellenwert) im Sinne einer **positiven** Rückkopplung auf Hypothalamus und Hypophyse, v. a. auf die LH-Ausschüttung. In niedrigen Dosen wirkt Östrogen – ebenso wie Progesteron – über die übliche negative Rückkopplung auf GnRH, LH und FSH.

1.8.1 Inhibin

Zum Inhibin wurde in den letzten Jahren zwar keine Examensfrage gestellt, die Inhalte sind jedoch sehr wichtig, um die Gesamtzusammenhänge im Bereich der Regulation des weiblichen Zyklus zu verstehen.

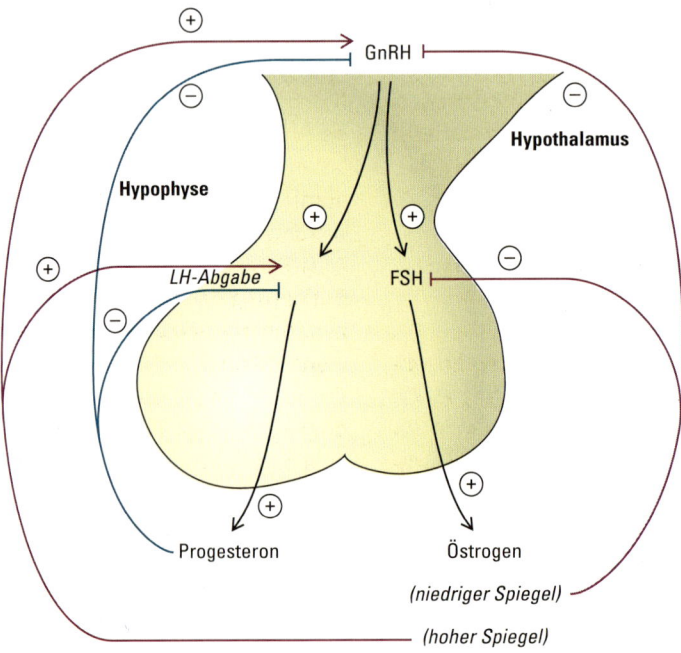

Abb. 10: Hypothalamisch-hypophysäre Regulation der weiblichen Gonadenhormone *medi-learn.de/6-physio2-10*

Das Hormon Inhibin greift entscheidend in die Vorgänge der Eizellreifung ein: Es sorgt dafür, dass jeweils nur eine einzige Eizelle ausreift. Zu Beginn der Follikelphase reagieren immer mehrere Follikel auf die Stimulation durch FSH, beginnen zu wachsen und zu reifen. Zum Reifungsprozess der Follikel gehört auch die vermehrte Synthese von Rezeptoren für FSH, sodass das vorhandene Hormon besser ausgenutzt werden kann. Allerdings sind die Follikel nicht alle genau gleich weit in ihrem Reifungsprozess fortgeschritten, und – wie immer in der Natur – soll nur der Fitteste überleben. Der am besten entwickelte Follikel greift deshalb zu einem Trick, um seine Konkurrenten loszuwerden: Er produziert das Hormon Inhibin und gibt es in den Blutkreislauf ab. An der Adenohypophyse hemmt Inhibin die Produktion und Ausschüttung von FSH – so erklärt sich in den Hormonkurven (s. Abb. 11, S. 16) der niedrige FSH-Wert um den 11. Zyklustag.

Da der am weitesten gereifte Follikel viel mehr FSH-Rezeptoren als die anderen besitzt, reicht ihm die geringere Menge FSH aus, um weiter zu reifen – er kann das vorhande FSH viel besser ausnutzen als die Follikel mit geringerem Rezeptorbesatz. Die weniger ausgereiften Follikel leiden also an subjektivem FSH-Mangel: Das jetzt niedriger konzentrierte FSH reicht ihnen nicht mehr aus und sie gehen zugrunde.

1.8.2 Hormonkonzentrationen im Zyklusverlauf

Damit du vor lauter Hormonanstiegen und -abfällen, positiven und negativen Rückkopplungen keinen Adrenalinanstieg bekommst, noch einmal ganz geordnet: Während der Menstruation sind die Spiegel an Östrogen und Progesteron niedrig. Dadurch ist die negative Rückkopplung auf die Hypophyse gering, und die Spiegel der hypophysären Hormone beginnen langsam wieder zu steigen. Der ansteigende FSH-Spiegel zu Beginn der Follikelphase führt zum Wachstum eines Follikels, der nun Östrogen produziert. Deshalb steigen die Östrogenspiegel stark an. Gegen Ende der Follikelphase erreicht der Östrogenspiegel den Schwellenwert für die positive Rückkopplung. Es kommt zum schnellen Anstieg des LH-Spiegels (und – in geringerem Maße – des FSH-Spiegels). Dieser **LH-Peak** löst den Eisprung aus.

Im Ovar bleibt der Gelbkörper zurück, der mit der Progesteronsynthese beginnt. Der Gelbkörper produziert auch Östrogene, allerdings wird der Schwellenwert für die positive Rückkopplung nicht noch einmal erreicht. Die steigenden Hormonspiegel sorgen über die negative Rückkopplung für einen Abfall des luteinisierenden Hormons, dadurch geht der Gelbkörper zugrunde und die Östrogen- und Progesteronspiegel fallen rasch wieder ab. Als Folge wird die Menstruation ausgelöst (s. Abb. 11, S. 16).

Vielleicht ist der weibliche Zyklus für dich ein abschreckendes Thema. Dennoch ist es lohnend, sich zumindest die Eckpfeiler gut einzuprägen. Es könnte hilfreich sein, wenn du beim Lernen versuchst, die Hormonkurven aus dem Kopf zu zeichnen.

Positive Rückkopplung bedeutet, dass hohe Östrogenspiegel eine Hemmung der LH-Abgabe bewirken, nicht aber der LH-Synthese. So können die Speicher gefüllt und bei einem bestimmten Schwellenwert schwallartig entleert werden, was zum LH-Peak führt. Zum schnellen Abfall des LH-Spiegels kommt es, da nach der Entleerung der hypothalamischen LH-Speicher zunächsteinmal kein LH mehr ausgeschüttet werden kann.

Zumindest eine praktische Anwendung kann das Ganze ja schon haben. Schließlich gibt es eine Menge Verhütungsmethoden, die auf der genauen Kenntnis der Hormonveränderungen im weiblichen Zyklus basieren. Durch Führung eines genauen Kalenders ist es möglich, die fruchtbaren Tage um den Eisprung herum abzuschätzen. Da die Eizelle am wahrscheinlichsten in den ersten zwölf Stunden nach der Ovulation befruchtet werden kann,

1 Hormonale Regulation

sollte an diesen Tagen Enthaltsamkeit geübt werden. Daneben gibt es die Temperaturmethode, die darauf basiert, dass unter Progesteroneinfluss (also während der zweiten Zyklushälfte) die Körperkerntemperatur ansteigt. Aber Vorsicht: Diese Verhütungsmethoden sind sehr unzuverlässig – der genaue Verlauf des Zyklus kann von Monat zu Monat deutlich schwanken. Die momentan zuverlässigste Verhütungsmethode ist – bei vorschriftsmäßiger Einnahme – die Hormonpille. Die meisten Präparate enthalten Östrogene in einer Dosierung, bei der es noch zu einer negativen Rückkopplung auf die Hypophyse kommt. Damit wird der Hormonzyklus gleich zu Beginn durch die gehemmte Ausschüttung von FSH unterbrochen. Dies unterbindet sowohl das Wachsen als auch das Reifen eines Follikels.

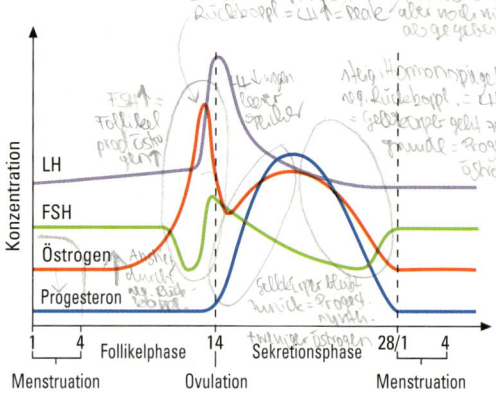

Abb. 11: Hormonkonzentrationen im Zyklusverlauf

medi-learn.de/6-physio2-11

1.9 Schwangerschaftshormone

Das zur Aufrechterhaltung der Schwangerschaft wichtigste Hormon ist das Progesteron. Es sorgt für die Umstellung des mütterlichen Stoffwechsels (z. B. Massenzunahme der Uterusmuskulatur). Der weitaus größte Teil der Schwangerschaftshormone wird von der Plazenta selbst synthetisiert, lediglich im ersten Schwangerschaftsdrittel übernimmt der Gelbkörper noch die Produktion von Progesteron und Östrogen.

1.9.1 Hormone der Plazenta

Die Plazenta ist aus der Anatomie/Histologie meist nur als Organ, das die Ernährung des Embryos sichert, bekannt. Das ist sicherlich ihre wichtigste Funktion. Aber auch als Hormondrüse gewinnt die Plazenta im Laufe der Schwangerschaft stark an Bedeutung: Nach dem ersten Schwangerschaftsdrittel wäre eine Aufrechterhaltung der Schwangerschaft ohne die Hormone der Plazenta nicht möglich.

hCG

Schon zu Beginn der Schwangerschaft wird das humane Choriongonadotropin gebildet. Das hCG ist strukturell und funktionell dem LH sehr ähnlich und sorgt für die Aufrechterhaltung des Corpus luteum im Ovar, welches wiederum Progesteron und Östrogen produziert. Nach den ersten drei Monaten der Schwangerschaft übernimmt die Plazenta selbst die Produktion von Progesteron und Östrogen; Der hCG-Spiegel sinkt und in der Folge geht der Gelbkörper zugrunde.

> **Merke!**
>
> Sein Konzentrationsmaximum im Blutplasma der Mutter erreicht hCG während der embryonalen Phase der Schwangeschaft.

hCG besteht aus zwei Untereinheiten, der α-Untereinheit (α-hCG) und der β-Untereinheit (β-hCG). Die β-Untereinheit ist spezifisch für das hCG und wird in Schwangerschaftstests nachgewiesen.

Progesteron

Progesteron ist zur Aufrechterhaltung der Schwangerschaft unverzichtbar – bei Abfall des Progesteronspiegels würde es zur Abstoßung des Endometriums, also zu einer Menstruationsblutung kommen. Die Progesteronspiegel steigen bis zur Geburt kontinuierlich an.

Östrogen

Gegen Ende der Schwangerschaft produziert die Plazenta vor allem Östrogene wie z. B. Östriol. Allerdings übernimmt die Plazenta nur den letzten Schritt der Östrogensynthese selbst: Sie aromatisiert Androgene zu Östrogenen. Die Androgene werden in der Nebennierenrinde des Fetus synthetisiert und von der Plazenta aus dem fetalen Blut aufgenommen.

Humanes plazentares Laktogen (hPL)

Das humane plazentare Laktogen fördert zusammen mit Prolaktin das Wachstum der Brustdrüse. Außerdem werden durch hPL die mütterlichen Zellen unempfindlicher gegenüber Insulin. Dadurch steigt der mütterliche Blutzuckerspiegel und stellt die fetale Versorgung des Fetus sicher.

1.10 Hormone des endokrinen Pankreas

Im endokrinen Pankreas werden drei Peptidhormone produziert, die den (Kohlenhydrat-)Stoffwechsel regulieren:
- Glukagon in den A-Zellen,
- Insulin in den B-Zellen und
- Somatostatin in den D-Zellen.

1.10.1 Insulin

Insulin ist das wichtigste und fast das einzige Hormon, das den Blutglucosespiegel senkt (neben GIP, das „Glucose-dependent Insulin-releasing Peptide"). Es ist damit das bedeutendste anabole Hormon des Menschen. Insulin wirkt folgendermaßen:
- Es erhöht die Glucoseaufnahme in Geweben, die den GLUT-4-Transporter besitzen – vor allem in Muskel- und Fettgewebe. Hier stimuliert das Insulin die Glykogensynthese, die Glykolyse, die Fettsäuresynthese und die Proteinsynthese.
- In die Leber wird Glucose insulinunabhängig aufgenommen (durch den GLUT-2-Transporter), sodass sich der intrazelluläre Glucosespiegel proportional zum Blutzuckerspiegel verhält. Durch Induktion der Glucokinase kann Insulin jedoch die Glucoseaufnahme in die Leber steigern und so Glykogensynthese und Glykolyse fördern sowie die Gluconeogenese hemmen. Unter anderem bewirkt Insulin auch eine Absenkung des cAMP-Spiegels.
- Eine weitere – physiologisch eher unwichtige – Wirkung des Insulins macht man sich therapeutisch zunutze: Insulin bewirkt nämlich die Aufnahme von Kalium in seine Zielzellen, sodass Patienten mit erhöhten Kalium-Plasmaspiegeln besonders effektiv mit Insulin- (und Glucose-)Infusionen behandelt werden können.
- Die Halbwertszeit von zirkulierendem körpereigenem Insulin im Blutplasma beträgt im Allgemeinen weniger als eine Stunde.

Die Insulinsekretion der B-Zellen des Pankreas wird über den Blutzuckerspiegel selbst reguliert:

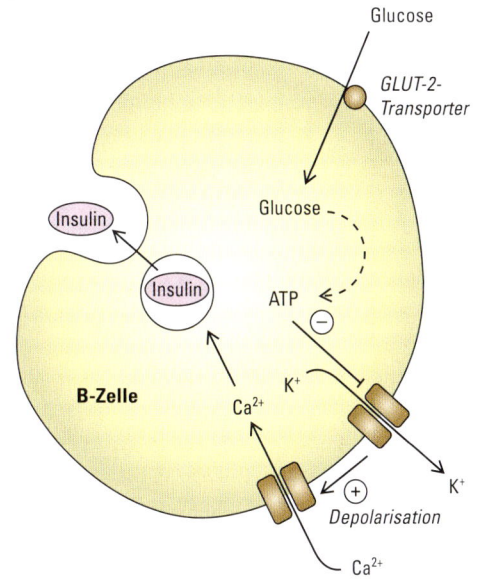

Abb. 12: Mechanismus der Insulinsekretion

medi-learn.de/6-physio2-12

Auch die B-Zellen nehmen Glucose über den GLUT-2-Transporter und damit abhängig vom Blutzuckerspiegel auf. Durch die Verstoffwechslung der Glucose steigt der ATP-Spiegel in der B-Zelle. ATP wiederum bindet an spezielle Kaliumkanäle (K_{ATP}) der Zellmembran und hemmt sie, sodass der Kaliumausstrom verringert wird. Dadurch erhöht sich das Membranpotenzial und es kommt zur Depolarisation der Zellen. Die Depolarisation bewirkt wiederum eine Öffnung spannungsabhängiger Calciumkanäle in der Zellmembran; Calcium strömt ein, der intrazelluläre Calciumspiegel steigt an. Die Calciumionen sorgen als intrazelluläre Botenstoffe für die Exozytose von Insulingranula.

Gehemmt wird die Insulinfreisetzung z. B. durch Adrenalin und Noradrenalin über α_2-Rezeptoren und durch Somatostatin (SIH).

1.10.2 Glukagon

Glukagon ist der wichtigste Antagonist des Insulins. Es erhöht über verschiedene Wege den Blutzuckerspiegel, vor allem, indem es die Insulinwirkungen in der Leber antagonisiert. Glukagon wirkt über eine Stimulation der Adenylatcyclase und damit über eine Erhöhung des cAMP-Spiegels (zur Erinnerung: Insulin senkt den cAMP-Spiegel).

1.10.3 Pathophysiologie: Diabetes mellitus

Ein häufig gefragtes Thema in der mündlichen Prüfung ist die Pathophysiologie des Diabetes mellitus. Diabetes mellitus ist eine Regulationsstörung des Insulinstoffwechsels. Beim Diabetes Typ 1 (juveniler Diabetes) werden die B-Zellen des Pankreas durch einen autoimmunen Prozess zerstört, sodass kein Insulin mehr gebildet werden kann. Beim Diabetes Typ 2 (adulter Diabetes) liegt eine Wirkungsabschwächung der Insulinrezeptoren vor (Rezeptorresistenz), sodass das eigentlich in reichlicher Menge vorhandene Insulin nicht mehr ausreichend wirkt. Bei beiden Formen kommt es zu erhöhten Glucosespiegeln, die langfristig vor allem die kleinen Gefäße der Niere und der Retina schädigen. Außerdem geht die Hyperglykämie mit Insulinmangel und vermehrter Ketonkörperbildung einher, was eine Azidose mit begleitender Hyperventilation auslösen kann (Ketoazidose). Bei hohen Glucosekonzentrationen im Blutplasma kommt es außerdem zur Glucoseausscheidung über die Nieren (Glucosurie), da die Rückresorptionskapazität der Nieren für Glucose ab einem Blutglucosespiegel von 180 mg/dl (= 10 mmol/l) überschritten wird. Von diesem Phänomen hat der Diabetes mellitus seinen Namen, wörtlich übersetzt heißt er nämlich „honigsüßer Durchfluss". Da Glucose osmotisch sehr aktiv ist, kommt es bei hohen Glucosekonzentrationen im Urin zur vermehrten Ausscheidung von Wasser, also zur Polyurie durch osmotische Diurese. Oftmals ist dies das erste Symptom, das den Patienten auffällt.

1.11 Hormonale Regulation des Calciumhaushalts

Nur etwa ein Prozent des Calciums im Körper befindet sich im Extrazellulärraum, etwa 99 % sind im Knochen gebunden. Im Knochen bildet das Calcium zusammen mit Phosphat Kristalle, sodass Phosphat und Calcium immer gemeinsam aus dem Knochen gelöst werden müssen. Auch im Blut gibt es Wechselwirkungen zwischen der Calcium- und der Phosphationenkonzentration: Eine verminderte Phosphatkonzentration führt zu einer erhöhten Calciumkonzentration und umgekehrt. Das liegt daran, dass das Produkt der beiden Konzentrationen – das Löslichkeitsprodukt – weitgehend konstant bleibt. Deshalb regulieren die drei für den Calciumhaushalt wichtigen Hormone – Parathormon, Calcitonin und Calcitriol – auch gleichzeitig den Phosphathaushalt. In den letzten Jahren wurden zu den einzelnen Hormonen keine Fragen im schriftlichen Examen gestellt. Zur Vollständigkeit und für die mündliche Prüfung werden diese im Folgenden genauer erklärt.

1.11.1 Parathormon

Parathormon (PTH, Parathyrin) wird in den Nebenschilddrüsen (Glandulae parathyroideae) gebildet. Seine Sekretion wird über den Calciumspiegel reguliert: Niedrige Calciumspiegel erhöhen die Parathormonsekretion, hohe hemmen sie.

Dementsprechend wirkt Parathormon zu niedrigen Calciumspiegeln entgegen:
- Parathormon stimuliert die Osteoklasten, um Calcium und Phosphat aus dem Knochen zu mobilisieren.
- Parathormon erhöht die Calciumresorption in der Niere und minimiert so die renalen Calciumverluste. Gleichzeitig erhöht es die Phosphatausscheidung der Niere (damit das Löslichkeitsprodukt nicht überschritten wird).
- Parathormon stimuliert den letzten Syntheseschritt von Calcitriol in der Niere, nämlich die Hydroxylierung von 25-OH-Cholecalciferol zu 1,25-Hydroxycholecalciferol (Calcitriol).
- Zusammen mit Calcitriol erhöht Parathormon die Calciumresorption des Darms.

1.11.2 Calcitonin

Calcitonin wird von den C-Zellen der Schilddrüse gebildet. Seine Ausschüttung wird von erhöhten Calciumspiegeln ausgelöst. Calcitonin sorgt auf zweierlei Weise für ein Absinken des Calciumspiegels:
- durch vermehrten Einbau von Calcium (und Phosphat) in den Knochen sowie
- durch die Erhöhung der renalen Calciumausscheidung.

1.11.3 Calcitriol

Calcitriol, die aktive Form von Vitamin D_3, wird vom Körper synthetisiert. Zwischenschritte der Synthese finden in der Haut (UV-lichtabhängig), der Leber und der Niere statt. Die Hydroxylierung in der Niere wird durch Parathormon gefördert.

Calcitriol erhöht den Calciumbestand des Körpers über eine Erhöhung der Calciumresorption im Dünndarm und eine Erhöhung der Calciumrückresorption in der Niere. An den Zielzellen bindet Calcitriol an einen ligandenabhängigen Transkriptionsfaktor.

Außerdem stimuliert Calcitriol die Osteoblasten und damit den Einbau von Calcium in die Knochen. Da hierfür auch Phosphat benötigt wird, stimuliert Calcitriol auch die Phosphatresorption in Darm und Niere.

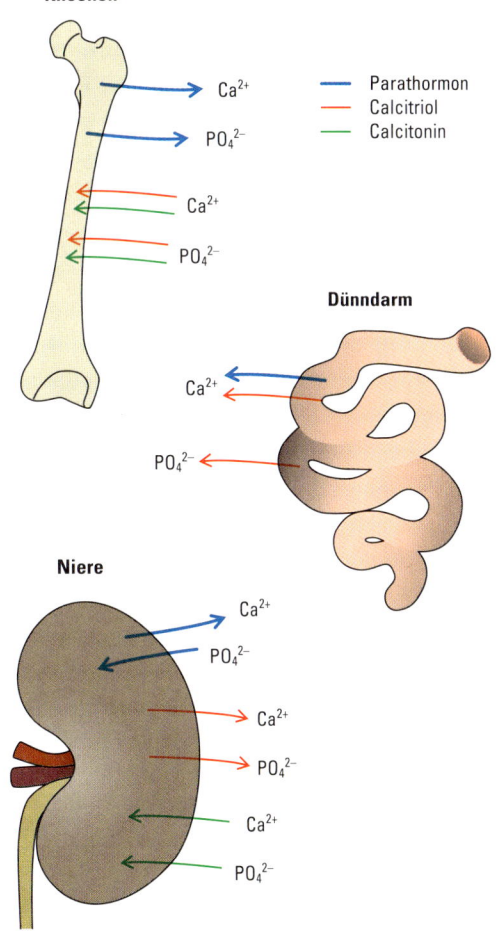

Abb. 13: Regulation des Calciumhaushalts

medi-learn.de/6-physio2-13

DAS BRINGT PUNKTE

Vieles aus dem Kapitel **Hormone** ist grundlegendes Verständniswissen. Gerade die Unterscheidung zwischen lipophilen und hydrophilen Hormonen ist auch für die Fragen in der Biochemie wichtig und kann dir in der schriftlichen Prüfung sehr viele Punkte einbringen. Außerdem solltest du den **hypothalamisch-hypophysären Regelkreis** mit der negativen Rückkopplung gut beherrschen. Diese beiden Themen können – einmal gut gelernt – fürs Physikum und auch später in der Klinik den weiteren Lernstoff stark vereinfachen.

Zusätzlich solltest du dir einige Fakten zu den Hormonen, die häufig in den schriftlichen Prüfungen vorkommen, gut einprägen.

Ein sehr häufig gefragtes Thema sind die **Hormone des weiblichen Zyklus**. Besonders gut solltest du dir den Verlauf der Konzentrationen von Östrogen und Progesteron einprägen.

Besonders in der letzten Zeit musste man in den Prüfungen zu **Konzentrationskurven das jeweils passende Hormon** zuordnen. Auch nach dem **Zeitpunkt der maximalen Hormonkonzentration** wurde schon gefragt.

- Östrogen erreicht sein Maximum gegen Ende der Follikelphase, kurz vor dem Eisprung.
- Progesteron erreicht sein Maximum etwa in der Mitte der Lutealphase.

Im Bereich der **Schwangerschaftshormone** kommt das hCG (humanes Choriongonadotropin) besonders häufig in den Fragen vor.
- hCG erreicht sein Konzentrationsmaximum im Blutplasma der Mutter während der embryonalen Phase der Schwangerschaft.
- hCG bewirkt die Aufrechterhaltung des Gelbkörpers im ersten Schwangerschaftsdrittel. Es wirkt damit ähnlich wie LH.

Auch nach der **Regulation des Blutzuckerspiegels** wurde wiederholt in den letzten Examina gefragt.
- Insulin senkt den Blutzuckerspiegel, indem es die Glucoseaufnahme in die Leber erhöht, die Gluconeogenese in der Leber und die Glucoseresorption im Darm hemmt.
- Glukagon als Gegenspieler des Insulins erhöht andererseits den Blutzuckerspiegel.

FÜRS MÜNDLICHE

FÜRS MÜNDLICHE

1. Welche intrazellulären Signalkaskaden kennen Sie?
- Rezeptor → G-Protein → Adenylatcyclase → cAMP → Proteinkinase A → Phosphorylierung bestimmter Enzyme
- Rezeptor → G-Protein → Phospholipase C → IP_3 (und DAG) → Calciumionen

2. Bitte erklären Sie, wie es zur Entstehung einer Struma kommt.
- Am häufigsten Jodmangelstruma → Schilddrüse kann nicht genug T_3/T_4 synthetisieren → Wegfall der negativen Rückkopplung auf die Hypophyse → stark erhöhte TSH-Spiegel → TSH übt Wachstumsreiz auf die Schilddrüse aus → unkontrolliertes Schilddrüsenwachstum → Struma

3. Nennen Sie bitte die Wirkungen von Cortisol.
- Hyperglykämie
- Hypokaliämie, Alkalose
- Hypertension
- Immunsuppression/gesteigerte Infektanfälligkeit
- Wundheilungsstörungen → Magen- und Darmulzera
- Myopathien
- Osteoporose
- abnorme Fettverteilung (Mondgesicht, Büffelnacken)
- Haut-Atrophie
- Thromboseneigung
- Verhaltensstörungen (Unruhe, Schlaflosigkeit)
- bei Kindern: Wachstumshemmung, Katarakte

4. Erläutern Sie, welche Organe beim Diabetes mellitus besonders geschädigt werden.
Die dauerhaft erhöhten Blutzuckerspiegel führen zu einer Glykosylierung von Proteinen der Gefäßwand; dadurch wird die Funktion kleiner Gefäße besonders beeinträchtigt. Das betrifft vor allem die Niere und die Retina. Außerdem wird das periphere Nervensystem geschädigt (diabetische Polyneuropathie).

So, damit wäre der erste große Abschnitt geschafft. Mit diesem Wissen solltest du für die Physiologie der Hormone im Physikum gut gerüstet sein. Auch für die Biochemie war hier schon Wichtiges dabei. Nach einer kleinen Pause, die du jetzt sicherlich nötig hast, wird dir dann die Physiologie der Ernährung und Verdauung serviert.

Pause

Lehn' dich zurück und mach doch einfach mal 5 Minuten Pause ...

2 Ernährung und Verdauung

Fragen in den letzten 10 Examen: 25

2.1 Motorik des Magen-Darm-Trakts

In diesem Kapitel (mit Unterkapiteln) werden Grundlagen erklärt, die im schriftlichen Examen eher selten gefragt werden, jedoch in der mündlichen Prüfung ein beliebtes Thema sind. Im Magen-Darm-Trakt wird die Nahrung mechanisch zerkleinert und chemisch gespalten. Die Nahrungsbestandteile werden dann in den Körper aufgenommen und ihm zur Verfügung gestellt. Um das Ziel einer optimalen Verdauung zu erreichen, müssen die Funktionen des Verdauungstrakts gut aufeinander abgestimmt arbeiten. Der **Motorik** und der **Sekretion** des Verdauungstrakts kommen dabei besondere Bedeutung zu.

2.1.1 Innervation

Die Motorik des Magen-Darm-Trakts wird in erster Linie vom **enterischen Nervensystem** (ENS) gesteuert. Dieses besteht aus zwei Nervenplexus:
- dem äußeren Plexus myentericus (Plexus Auerbach) zwischen der äußeren Längs- und der Ringmuskulatur, der die reflektorischen Kontraktionen der Darmmuskulatur steuert, und
- dem inneren Plexus submucosus (Plexus Meissner) in der Tela submucosa, der die Sekretion der Drüsen im Magen-Darm-Trakt steuert.

Das enterische Nervensystem benutzt Neuropeptide (Peptidhormone als Neurotransmitter), z. B. Substanz P oder VIP (vasoaktives intestinales Peptid). Es innerviert die glatte Muskulatur sowie Blutgefäße und Epithelien des Magen-Darm-Trakts.

Diese autonome Steuerung des Magen-Darm-Trakts wird zusätzlich von außen durch das vegetative Nervensystem moduliert. Sowohl sympathische als auch parasympathische Nerven

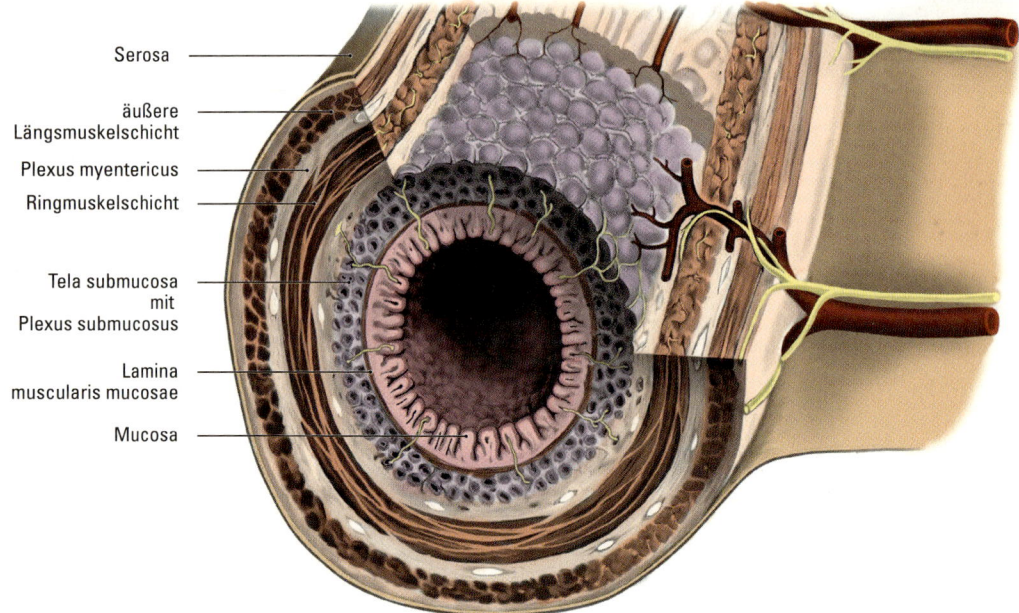

Abb. 14: Schichten der Darmwand

medi-learn.de/6-physio2-14

ziehen in das Darmnervensystem und beeinflussen dessen Aktivität. Grundsätzlich gilt dabei, dass der Parasympathikus die Verdauungsaktivität erhöht, der Sympathikus sie hemmt.

2.1.2 Ösophagus

Nach dem Verschlucken gelangt die Nahrung in den Ösophagus. Die Dehnung des oberen Ösophagus durch den Nahrungsbrocken löst mehrere peristaltische Wellen aus, die die Nahrung in Richtung Magen transportieren. Am distalen Ende befindet sich der untere Ösophagussphinkter, der im Rahmen eines **vagovagalen Reflexes** geöffnet wird (dabei laufen sowohl der afferente als auch der efferente Reflexbogen über den N. vagus). Dieser Reflex wird ebenfalls durch die Dehnung der oberen Ösophagusmuskulatur ausgelöst, sodass sich der untere Sphinkter bereits öffnet, wenn die Nahrung in die Speiseröhre eintritt, und eben nicht erst, wenn die Speise vor dem Sphinkter ankommt.

Der untere Ösophagussphinkter hat die wichtige Funktion, die Speiseröhre gegen den Magen abzuschließen und so den Rückfluss (Reflux) von Magensäure in die Speiseröhre zu verhindern. Ist der Sphinkter dazu nicht mehr in der Lage, kann es zu Sodbrennen und bei langjährigem Reflux zur Entwicklung von Speiseröhrenkrebs kommen.

2.1.3 Magen

Der Magen wird funktionell in einen proximalen und einen distalen Anteil unterteilt. Der proximale Anteil entspricht den anatomischen Anteilen Cardia und Fundus, der distale Anteil entspricht dem Corpus und Antrum.
Sowohl zum proximalen als auch zum distalen Magen solltest du dir je ein wichtiges Bewegungsmuster merken.

Akkomodationsreflex

Der proximale Magen hat die Aufgabe, größere Speisemengen zu speichern. Durch lokale

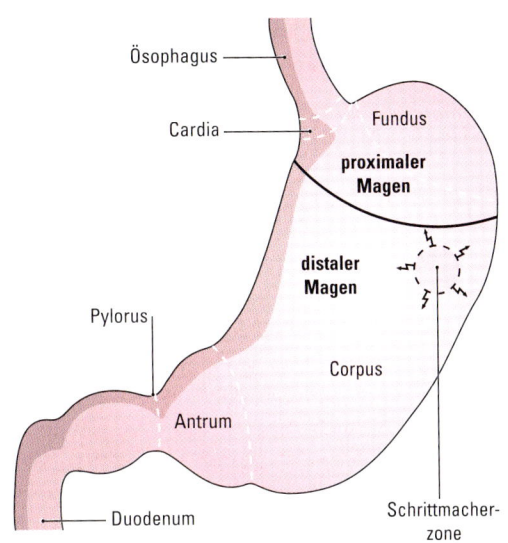

Abb. 15: Funktionelle Magenanteile
medi-learn.de/6-physio2-15

Wanddehnung wird im proximalen Magen ein Reflex, der **Akkomodationsreflex**, ausgelöst. Dieser hat eine Entspannung der Muskulatur und damit eine Dehnung des proximalen Magens zur Folge. Dieser Vorgang wird auch als rezeptive Relaxation bezeichnet und tritt dort im Magen-Darm-Trakt auf, wo Speicherfunktionen erfüllt werden müssen (so z. B. auch in der Rektumampulle). Der Akkomodationsreflex des proximalen Magens ist ebenfalls ein **vagovagaler Reflex**. Der Transmitter des N. vagus ist in diesem Fall nicht Acetylcholin, sondern das **VIP (vasoaktives intestinales Peptid)**.

Magenperistaltik

Die Aufgabe des distalen Magens (Corpus und Antrum) ist die gründliche Durchmischung des Nahrungsbreis mit dem Magensaft und die Emulgierung der in der Nahrung enthaltenen Fette. Dazu schieben regelmäßige **propulsive peristaltische Wellen** den Nahrungsbrei gegen den geschlossenen Pylorus.
Eine propulsive peristaltische Welle ist ein Bewegungsmuster, bei dem einer Erschlaffung der Ringmuskulatur von oral nach aboral

eine Kontraktion der Ring- und zusätzlich der Längsmuskulatur folgen.

Die peristaltischen Wellen des distalen Magens gehen von einer Schrittmacherzone im oberen Corpus aus. Die Schrittmacherzellen synchronisieren die Aktivität der Magenmuskulatur und steuern so die Durchmischung (s. Abb. 15, S. 23).

Zur Entleerung des Magens öffnet sich der Pylorus, und die peristaltischen Wellen pressen den Speisebrei in den Dünndarm.

2.1.4 Darmmuskulatur

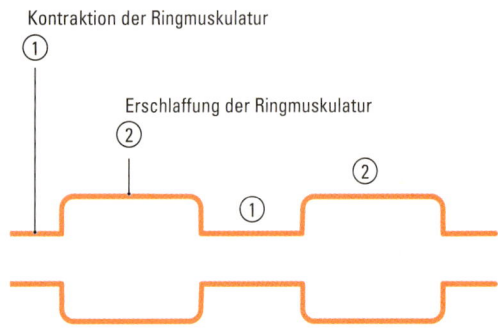

Abb. 16: Bewegungsmuster stehende Wellen
medi-learn.de/6-physio2-16

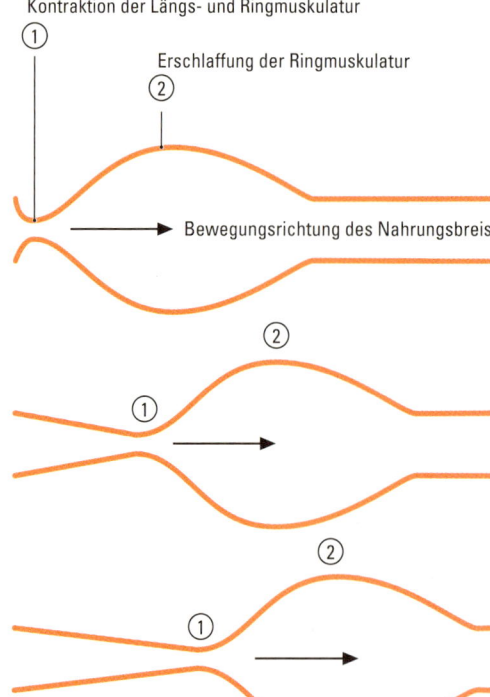

Abb. 17: Bewegungsmuster propulsive peristaltische Wellen
medi-learn.de/6-physio2-17

Im Darm verweilt die Nahrung zwei bis fünf Tage. Wie im Magen kommen im Darm propulsive peristaltische Wellen vor. Ein weiteres wichtiges Bewegungsmuster im Darm sind die stehenden Wellen (nichtpropulsive Peristaltik). Die stehenden Wellen bestehen aus abwechselnden Zonen der Kontraktion und Zonen der Entspannung der Ringmuskulatur des Darmrohres. Sie dienen vor allem der Durchmischung der Nahrung und weniger deren Transport. Außerdem gibt es im Darm den **interdigestiven myoelektrischen Motorkomplex** (IMMC), der etwa vier – fünf Stunden nach einer Mahlzeit abläuft. Er umfasst eine fortlaufende propulsive peristaltische Welle vom Antrum bis zum Ileum und hat vermutlich die Funktion, das Darmrohr von Resten der Mahlzeit und Fremdkörpern zu reinigen.

2.1.5 Defäkationsreflex

Der Defäkationsreflex zur Stuhlentleerung wird durch Dehnung des Rektums eingeleitet. Diese Dehnung löst eine Erschlaffung des M. sphinkter internus sowie peristaltische Wellen der Dickdarmmuskulatur aus. Der Defäkationsreflex wird parasympathisch über das Sakralmark gesteuert.

2.2 Sekretion

Der Bereich der Sekretion nimmt in der Physiologie des Magen-Darm-Trakts im schriftlichen Physikum den größten Raum ein.
Insgesamt werden täglich acht Liter Flüssigkeit in den Verdauungstrakt sezerniert, davon etwa ein Liter Speichel, ein Liter Galle und ein bis zwei Liter Pankreassaft.

2.2.1 Speichelsekretion

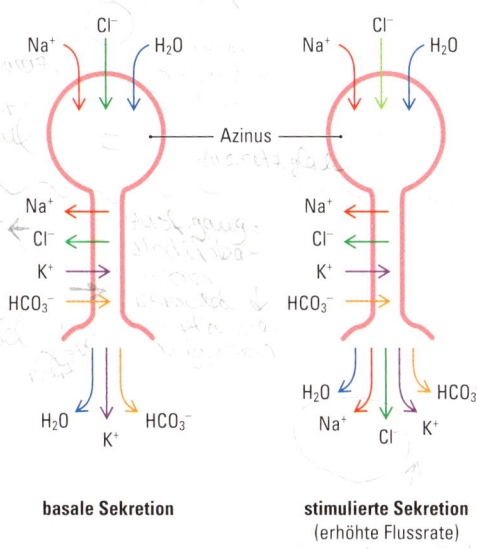

Abb. 18: Speichelsekretion

medi-learn.de/6-physio2-18

Der Speichel ist das erste Körpersekret, das mit der Nahrung in Kontakt kommt. Er hält nicht nur die Mundhöhle sauber und von Bakterien frei (Speichel enthält antibakterielle Stoffe), sondern vermittelt auch die wichtige Sinnesqualität „Geschmack". Die Geschmacksstoffe aus der Nahrung lösen sich im Speichel und können dadurch von den Geschmacksrezeptoren erkannt werden. Außerdem macht er die Bissen gleitfähig und ermöglicht so das Schlucken der Nahrung. Die drei großen Speicheldrüsen (Glandula parotis, Glandula submandibularis und Glandula sublingualis) bilden täglich ungefähr einen Liter Speichel. Den größten Anteil davon bildet die Glandula submandibularis. Produziert wird der Speichel in zwei Schritten:

- In die Azini der Speicheldrüsen wird der **Primärspeichel** sezerniert. Dieser ist in seiner Zusammensetzung dem Blutplasma sehr ähnlich: Er enthält viel Natrium und Chlorid. Auf der Blutseite (basal) wird Chlorid über eine $Na^+/K^+/2Cl^-$-Symporter in die Azinuszelle aufgenommen und verlässt diese wieder auf der apikalen Seite über einen Chloridkanal. Natrium diffundiert parazellulär nach. Da das Wasser dem Natrium passiv in die Azini nachfolgen kann, ist der Primärspeichel plasmaisoton.
- Im zweiten Schritt wird die Zusammensetzung des Speichels in den Ausführungsgängen der Drüsen modifiziert: Die Zellen der Ausführungsgänge resorbieren Natrium und Chlorid, sind aber für Wasser nicht permeabel, sodass die Osmolalität des Speichels in den Ausführungsgängen absinkt – der Speichel wird somit plasmahypoton. Außerdem sezernieren die Ausführungsgänge geringe Mengen Kalium und Bicarbonat in den Speichel.

Die genaue Zusammensetzung des Speichels variiert in Abhängigkeit von der Flussrate. Um dieses Phänomen verstehen zu können, muss man wissen, dass die Zusammensetzung des Primärspeichels unabhängig von der Flussrate immer gleich bleibt. Erhöht sich die Flussrate, bleibt den Ausführungsgängen jedoch immer weniger Zeit für die Modifikationen am Speichel.

Beispiel

Stell dir Arbeiter an einem Fließband vor, die z. B. alle Kekse vom Fließband herunternehmen und stattdessen Schokolade drauflegen sollen. Nur bei langsamen Geschwindigkeiten können sie alle Kekse auf dem Fließband gegen Schokolade austauschen. Ebenso können auch die Ausführungsgänge nur bei niedrigen Flussraten alles Natrium und Chlorid aus dem Primärspeichel entfernen und ausreichend Kalium und Bicarbonat sezernieren. Bei höheren Geschwindigkeiten des Fließbandes bleiben immer mehr Kekse liegen, dafür gelangt verhältnismäßig weniger Schokolade auf das Fließband. Für den Speichel bedeutet das, dass er mehr Natrium bzw. Chlorid und weniger Kalium bzw. Bicarbonat enthält. Bei höheren Flussraten ist also der Speichel dem Primärspeichel viel ähnlicher als bei niedrigeren Flussraten– er ist-

natrium- und chloridreicher und hat eine höhere Osmolalität, enthält aber weniger Kalium und Bicarbonat.

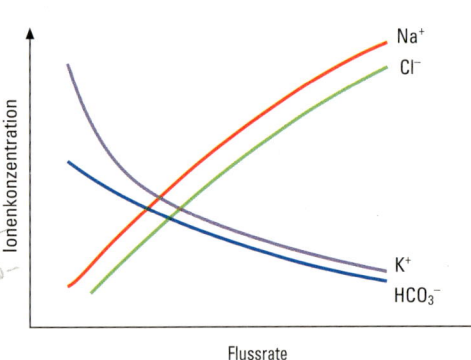

Abb. 19: Speichel-Ionenkonzentrationen in Abhängigkeit von der Flussrate

medi-learn.de/6-physio2-19

Neben Wasser und Ionen enthält der Speichel Muzine (schleimbildende Glykoproteine), Immunglobuline und das Verdauungsenzym α-Amylase. Letzteres dient allerdings weniger dem Aufschluss der Nahrung (zumal es im Magen wegen des niedrigen pH-Werts sofort inaktiviert wird), sondern eher dem Abbau von Nahrungsresten an den Zähnen. So erhält die α-Amylase die Mundhygiene aufrecht.

> **Übrigens ...**
> Die Entstehung von Karies wird durch die α-Amylase begünstigt, da sie langkettige Kohlenhydrate zu Oligosacchariden umwandelt und diese den zahnschädigenden Bakterien direkt als Nahrung zur Verfügung stehen.

Die Speicheldrüsen sind sowohl sympathisch als auch parasympathisch innerviert. Der Sympathikus bewirkt eher die Sekretion eines zähen (mukösen) Speichels, der Parasympathikus die des dünnflüssigen (serösen) Speichels. Der Transmitter des Sympathikus ist dabei Noradrenalin, beim Parasympathikus gibt es gleich zwei wichtige Transmitter: Acetylcholin und VIP (= vasoaktives intestinales Peptid).

2.2.2 Magen

Im Magen werden verschiedene Substanzen von verschiedenen Zellen mit unterschiedlichen Aufgaben sezerniert:
Die **Belegzellen** im Magenfundus- und Magenkorpus produzieren Salzsäure (HCl) sowie den Intrinsic Factor.
- Die Salzsäure sorgt für den niedrigen pH-Wert von 1 bis 1,5 (bei leerem Magen, pH 2 bis 4 bei vollem Magen) und bildet so eine antibakterielle Barriere. Außerdem führt der niedrige Magen-pH zur Denaturierung von Proteinen (ebenso werden z. B. Eier beim Kochen denaturiert), was eine Voraussetzung für das Angreifen von Verdauungsenzymen ist.
- Der Intrinsic Factor wird im terminalen Ileum zur Resorption von Vitamin B_{12} (Cobalamin) benötigt.

> **Übrigens ...**
> Vitamin B_{12} wird vom Körper zur Bildung von Erythrozyten benötigt. Bei Operationen zur Entfernung des Magens (Magenresektion) kommt es zu einem Mangel an Intrinsic Factor, und da der Körper in der Folge nicht genügend Vitamin B_{12} resorbieren kann, zu Störungen der Blutbildung.

Die **Hauptzellen** sezernieren Pepsinogen, die Vorstufe des Verdauungsenzyms Pepsin. Die Aktivierung des Pepsins erfolgt autokatalytisch: Pepsin spaltet vom Pepsinogen ein Peptid ab, sodass das aktive Enzym Pepsin entsteht. Die autokatalytische Aktivierung des Pepsins ist nur in der Anwesenheit von Salzsäure möglich. Das Wirkmaximum des Pepsins liegt ebenfalls im sauren pH-Bereich, sodass es bereits im Magen mit der Spaltung von Eiweißen zu Aminosäuren beginnt.
Die dritte Zellart im Magen sind die **Nebenzellen**; sie produzieren Schleim (Schutz der Magenwand vor Salzsäure).

2.2.2 Magen

- Belegzellen: Salzsäure, Intrinsic Factor
- Hauptzellen: Pepsinogen
- Nebenzellen: Schleim

Da vor allem die Steuerung und der Mechanismus der Salzsäuresekretion im Physikum immer wieder gerne gefragt werden, hier noch mal etwas genauer:

Magensäuresekretion: Steuerung

Die Steuerung der Salzsäuresekretion des Magens geschieht einerseits parasympathisch (über den Nervus vagus), andererseits über Peptidhormone aus Zellen des Magen-Darm-Trakts.

Je nachdem, von wo der Reiz auf die Magensäuresekretion ausgeht, kann man drei Phasen unterscheiden: eine **kephale**, eine **gastrale** und eine **intestinale** Phase.

- Die kephale (griech. Kephalé: Kopf) Phase beschreibt die Stimulation des Nervus vagus durch Geruchs- und Geschmacksreize und damit eine Stimulation der Belegzellen durch den vagalen Transmitter Acetylcholin.
- In der gastralen (griech. Gaster: Magen) Phase ist der auslösende Reiz für eine Stimulation des Nervus vagus die Dehnung des Magens. Außerdem bewirkt die Magendehnung die Ausschüttung des Peptidhormons **Gastrin** aus den **G-Zellen** im Magenantrum. Das Gastrin, das auf dem Blutweg zu den Belegzellen gelangt, stimuliert ebenfalls die Belegzellen zu erhöhter Salzsäuresekretion.
- Die intestinale Phase hemmt im Gegensatz zu den beiden anderen die Salzsäuresekretion der Belegzellen (Parietalzellen) durch verschiedene, im Darm synthetisierte Peptidhormone wie z. B. Somatostatin. Diese Peptidhormone werden dann vermehrt ausgeschüttet, wenn Speisebrei in den Dünndarm gelangt. So wird eine überschießende Salzsäureproduktion nach der Magenentleerung verhindert.

Neben der intestinalen Phase gibt es noch einen zweiten Bremsmechanismus der Magensäuresekretion. Die Ausschüttung des Gastrins wird nämlich auch durch den pH-Wert im Magen gesteuert. Sinkt der pH-Wert ab, wird die Gastrin-Ausschüttung gehemmt und so die Magensäuresekretion gedrosselt. Umgekehrt erhöht sich bei steigendem pH-Wert die Gastrin-Ausschüttung, sodass wieder mehr Salzsäure gebildet wird und der pH-Wert wieder sinkt.

Außer **Acetylcholin** und **Gastrin** gibt es noch einen weiteren wichtigen Stimulus für die Belegzelle: das **Gewebshormon Histamin**. Histamin wird von Zellen in der Magenwand, den H-Zellen (auch ECL-Zellen genannt) produziert. Gastrin und Acetylcholin bewirken die Freisetzung von Histamin aus den H-Zellen.

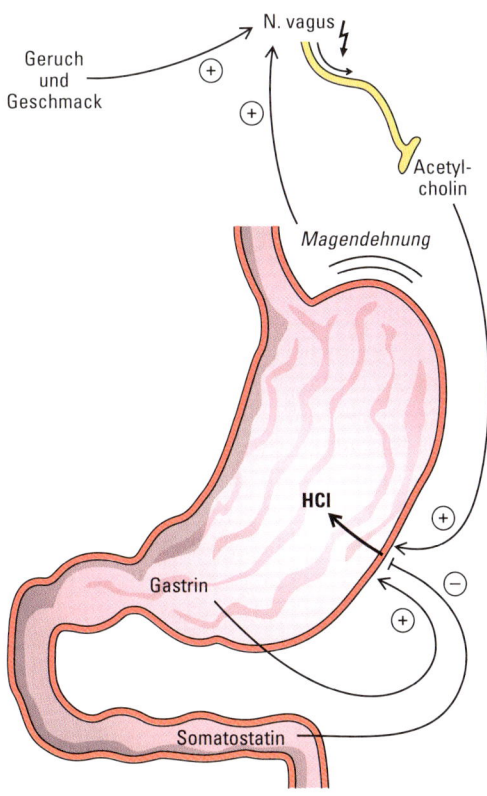

Abb. 20: Phasen der Magensäuresekretion
medi-learn.de/6-physio2-20

2 Ernährung und Verdauung

Auf der Belegzelle befinden sich für jede dieser drei Substanzen spezifische Rezeptoren: die muskarinischen (muskarinergen) Acetylcholinrezeptoren, die H_2-Histaminrezeptoren und die Gastrinrezeptoren. Ist nun Histamin an einen H_2-Rezeptor gebunden, wird die Stimulation der Belegzellen durch Gastrin und Acetylcholin wesentlich verstärkt. Die Freisetzung von Histamin in der Magenwand durch Gastrin und Acetylcholin dient also der Signalverstärkung auf die Belegzellen. So erklärt sich auch, dass Medikamente, die die H_2-Rezeptoren blockieren, effektiv die Magensäuresekretion hemmen und so Magengeschwüren entgegenwirken können.

Merke!

Gastrin, Histamin und Acetylcholin stimulieren die HCl-Sekretion der Belegzellen.
Histamin wird in der Magenwand von Gastrin und Acetylcholin freigesetzt.

Magensäuresekretion: Mechanismus

Das Kernstück der Salzsäuresekretion in den Belegzellen ist die H^+/K^+-ATPase in der luminalen Membran der Belegzellen, die durch einen primär-aktiven Transport Protonen aus der Zelle ins Magenlumen bringt. Im Gegenzug werden Kaliumionen aus dem Lumen in die Zelle transportiert. Die Kaliumionen diffundieren über einen Ionenkanal passiv zurück ins Magenlumen. Die Protonen werden in den Belegzellen vom Enzym **Carboanhydrase** bereitgestellt, das auch in Niere und Erythrozyten vorkommt. Es hydratisiert CO_2, das aus dem Blut in die Zellen diffundiert, zu H_2CO_3, welches schnell in ein Proton und Bicarbonation zerfällt. Das entstandene Proton wird über die H^+/K^+- ATPase ins Lumen transportiert. Nun fehlt dort aber immer noch das Chlorid, damit Salzsäure entstehen kann. Aber auch dafür hat sich die Natur einen Trick einfallen lassen: Das entstandene Bicarbonation gelangt im Austausch gegen

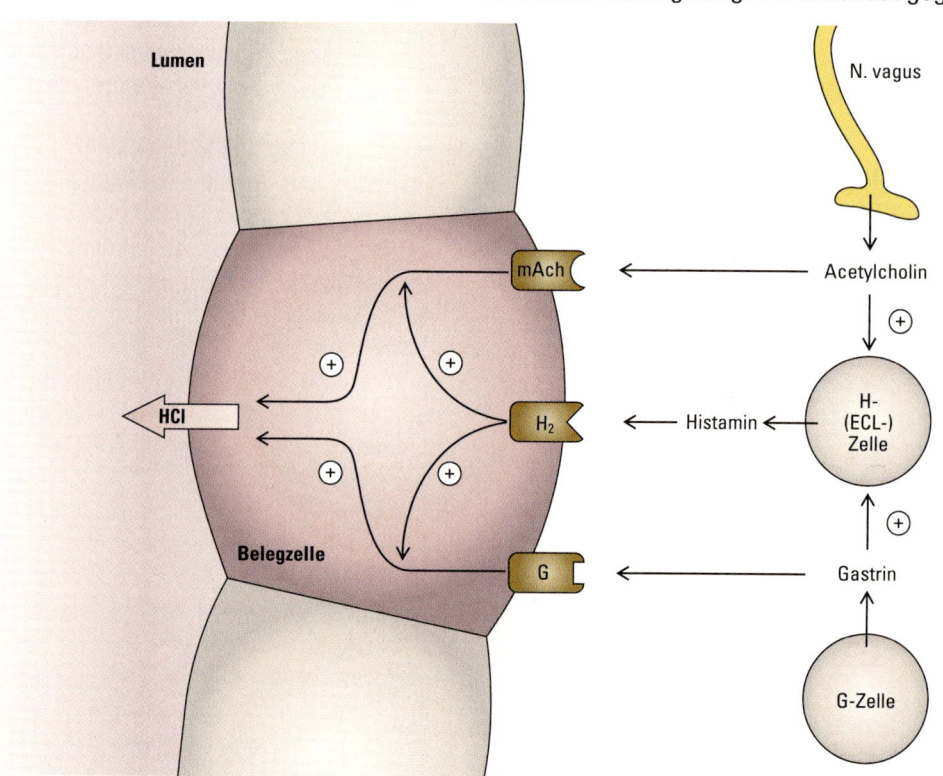

Abb. 21: Signalverstärkung der HCl-Sekretion durch Histamin

medi-learn.de/6-physio2-21

ein Chloridion zurück ins Blut. Das Chloridion diffundiert durch einen Ionenkanal ins Magenlumen. Jetzt liegen Protonen und Chloridionen im Magenlumen vor, die sich zu HCl – der Salzsäure – vereinigen können. In ihrer wässrigen Lösung im Magensaft liegt die Salzsäure aber größtenteils dissoziiert vor und sorgt für den niedrigen Magen-pH von eins bis 1,5.

> **Übrigens ...**
> Hieraus ergibt sich eine weitere Möglichkeit der Therapie von Magengeschwüren: Auch durch spezifische Blocker der H^+/K^+-ATPase lässt sich die Salzsäureproduktion sehr effektiv hemmen.

2.2.3 Exokrines Pankreas

Ebenso wie die Speichelsekretion lässt sich die Sekretion des Pankreassafts in zwei Schritte unterteilen: Der primäre Pankreassaft wird zunächst von den Azini gebildet und in einem zweiten Schritt in den Ausführungsgängen modifiziert.

Der in den Azini sezernierte primäre Pankreassaft enthält vor allem Natrium und Chlorid (und nur geringe Mengen Kalium und Bicarbonat). Auch hier folgt das Wasser dem Natrium passiv (durch Osmose) nach, sodass das Sekret plasmaisoton ist. Bei basalen Flussraten wird der primäre Pankreassaft aus den Azini in den Ausführungsgängen nicht modifiziert. Die Sekretion des Pankreasazinus wird von Acetylcholin, **Cholezystokinin (CCK)** und VIP stimuliert.

Erst wenn die Flussrate des Pankreassafts gesteigert werden soll, werden die Ausführungsgänge zur Sekretion stimuliert – im Gegensatz zu den Speicheldrüsen, bei denen die Sekretion der Azini gesteigert wird (s. 2.1, S. 22). Auf die Ausführungsgänge wirkt dabei das Peptidhormon **Sekretin** stimulierend. Die stimulierten Ausführungsgänge sezernieren ebenfalls Natrium und Wasser, sodass die Nat-

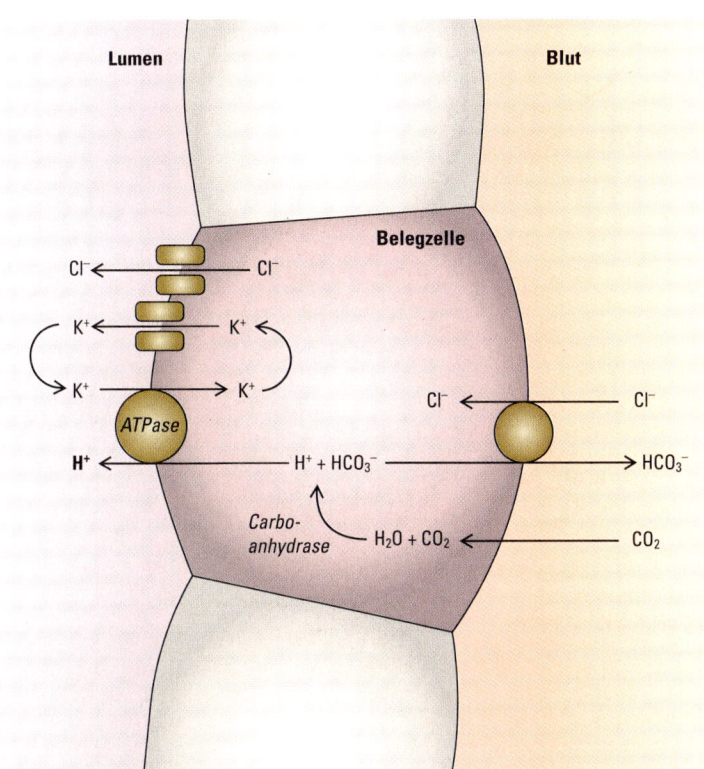

Abb. 22: Mechanismus der HCl-Sekretion

riumkonzentration unabhängig von der Flussrate gleich bleibt und der Pankreassaft **immer plasmaisoton** ist. Allerdings ändern sich mit steigender Flussrate die Konzentrationen von Chlorid und Bicarbonat im Pankreassaft: In den Zellen der Ausführungsgänge befindet sich ein Chlorid/Bicarbonat-Antiporter, der das Chlorid aus dem Ausführungsgang resorbiert und im gleichen Maße Bicarbonat sezerniert. Deshalb steigt die Bicarbonatkonzentration bei höheren Flussraten (unter Sekretin-Stimulation), während die Chloridkonzentration sinkt.

Das Bicarbonat sorgt für den alkalischen pH des Pankreassafts. Im Darmlumen kann der Pankreassaft deshalb die Salzsäure aus dem Magen neutralisieren.

Achtung: Hier kann man die Funktion der Ausführungsgänge nicht wie bei der Speichelsekretion mit einem Fließband vergleichen, auf dem die einzelnen Ionen ausgetauscht werden.

Die Steigerung der Sekretion des Pankreas kommt erst in den Ausführungsgängen zustande. Das vermehrt gebildete Volumen wird also in den Ausführungsgängen sezerniert, angetrieben durch die Natrium-Sekretion.

Beispiel
Die Situation im Pankreas könnte man bildlich verdeutlichen, indem man Azinus und Ausführungsgang als zwei unabhängige Quellen betrachtet, die Flüssigkeiten unterschiedlicher Zusammensetzung in einen gemeinsamen Fluss einspeisen. Die eine Quelle (der Azinus) produziert immer die gleiche Menge Flüssigkeit, die andere Quelle (der Ausführungsgang) kann zur Produktion größerer Mengen Flüssigkeit stimuliert werden. Die Zusammensetzung des Flusswassers wird der Flüssigkeit aus dem Ausführungsgang immer ähnlicher, je mehr dieser stimuliert wird.

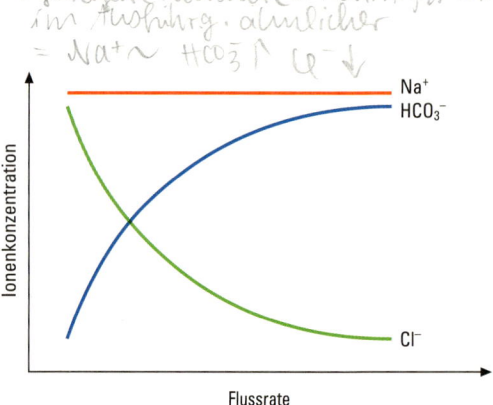

Abb. 24: Pankreassaft-Ionenkonzentration in Abhängigkeit von der Flussrate

medi-learn.de/6-physio2-24

Tab. 3, S. 31 zeigt dir – damit du nicht durcheinander kommst – eine Zusammenfassung der Unterschiede zwischen Speichel- und Pankreassaftsekretion.

Abb. 23: Sekretion des Pankreassafts

medi-learn.de/6-physio2-23

2.2.3 Exokrines Pankreas

	Speichel	Pankreassaft
Sekretion in den Azini	Natrium, Chlorid	Natrium, Chlorid
Sekretion in den Ausführungsgängen	Kalium, Bicarbonat	Natrium, Bicarbonat
Rückresorption in den Ausführungsgängen	Natrium, Chlorid	Chlorid
Steigerung der Flussrate durch	Stimulation der Azini	Stimulation der Ausführungsgänge
Änderungen mit höherer Flussrate	mehr Natrium und Chlorid, weniger Kalium und Bicarbonat	mehr Bicarbonat, weniger Chlorid
Osmolarität	hypoton	isoton

Tab. 3: Unterschiede zwischen Speichel- und Pankreassaftsekretion

Pankreasenzyme

Der Pankreassaft ist die wichtigste Quelle der Verdauungsenzyme des Körpers. Die Pankreasenzyme werden unter CCK- (Cholezystokinin-) Stimulation vom Azinus sezerniert. Ein Teil der Verdauungsenzyme wird in der aktiven Form sezerniert, beispielsweise die α-Amylase (Spaltung von Kohlehydraten) und die Lipase (Spaltung von Fetten). Andere Verdauungsenzyme werden als inaktive Vorstufen sezerniert und erst im Darm aktiviert. Da diese Enzyme Peptide spalten, würde sie sonst das Pankreas selbst andauen. In der Tat passiert dies unter pathologischen Bedingungen bei der Pankreatitis, der Bauchspeicheldrüsenentzündung. Die wichtigsten Proenzyme, die das Pankreas sezerniert, sind Trypsinogen und Chymotrypsinogen. Im Duodenum wird vom Trypsinogen durch die Enteropeptidase (Enterokinase) – ein Enzym, das sich in den Darmepithelien befindet – ein Peptid abgespalten. Übrig bleibt das enzymatisch aktive Trypsin. Trypsin ist nun sowohl dazu in der Lage, Chymotrypsinogen zu Chymotrypsin zu aktivieren als auch weiteres Trypsin aus Trypsinogen abzuspalten (Autokatalyse).

> **Übrigens ...**
> Die Enzyme des Pankreas werden mit dem Stuhl ausgeschieden. Um die Funktion des exokrinen Pankreas zu testen, werden die Enzymmengen im Stuhl bestimmt. Dabei wird meist das Enzym Elastase als Indikator der Pankreasfunktion gemessen.

Pathophysiologie: Mukoviszidose

Die Mukoviszidose (oder zystische Fibrose) betrifft viele Organe, vor allem Lunge, Leber, Darm und Pankreas. Dem Krankheitsbild liegt die Mutation eines Chloridkanals zugrunde, weshalb man es durch eine erhöhte Chloridkonzentration im Schweiß nachweisen kann (Schweißtest).
Aber was genau ist eigentlich die Aufgabe dieses Chloridkanals? In den Pankreasgangzellen befindet sich der Chlorid/Bicarbonat-Antiporter, der Bicarbonat in den Ausführungsgang sezerniert und im Gegenzug Chlorid rückresor-

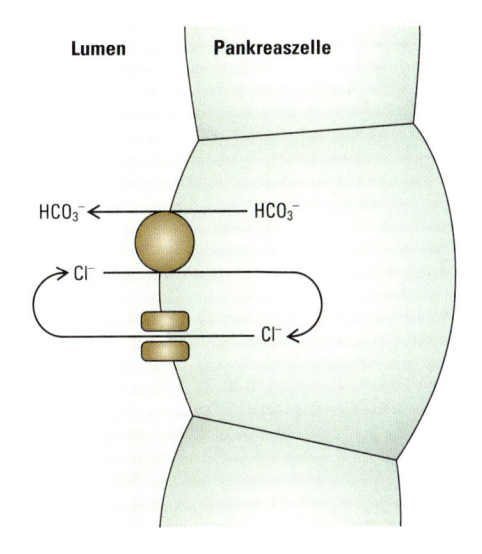

Abb. 25: Chloridkanal und Antiporter im Pankreasgang
medi-learn.de/6-physio2-25

biert. Damit ausreichend Bicarbonat sezerniert werden kann, muss das Chlorid über einen Ionenkanal aus der Zelle ins Lumen diffundieren können. Bei der Mukoviszidose ist nun jener Kanal defekt, sodass sowohl die Chloridionenkonzentration als auch die Bicarbonatkonzentration im Pankreassaft verringert ist.

Da die Sekretion der Pankreasgänge, die für die Regulierung der Flussrate verantwortlich ist, gestört ist, wird weniger Wasser sezerniert: Das Sekret ist zäh und viskös und verstopft die Ausführungsgänge. Aufgrund der verringerten Bicarbonatkonzentration kann der Pankreassaft den sauren Magensaft, der mit dem Speisebrei ins Duodenum gelangt, nicht mehr neutralisieren, sodass bei der Mukoviszidose nach den Mahlzeiten die Protonenkonzentration im Duodenum erhöht ist.

2.2.4 Gallensekretion

Neben ihren vielen Stoffwechselfunktionen hat die Leber auch noch die Aufgabe der Gallensekretion und trägt damit zur Verdauung bei. Stimuliert wird die Sekretion der Galle durch das Hormon Sekretin.

Gallenbestandteile/Gallensäuren/Bilirubin

Mit der Galle scheidet der Körper Bilirubin (Gallenfarbstoff) sowie Giftstoffe und Medikamente aus.
Die wichtigsten Bestandteile der Galle sind:
– Gallensäuren (auch Gallensalze genannt),
– Phospholipide (Lecithin) und
– Cholesterin.

Sie liegen im **Verhältnis 60 : 30 : 10** vor.
Die Gallensäuren (Cholsäure und Chenodesoxycholsäure) werden aktiviert und mit den Aminoverbindungen **Taurin oder Glycin konjugiert**. Als konjugierte Gallensäuren machen sie nicht nur den größten Anteil der Galle aus, sondern sind auch deren funktionell wichtigste Bestandteile: Sie emulgieren im Darm die Fette und ermöglichen die Bildung von Mizellen. Die Gallensäuren werden fast nicht mit dem Stuhl ausgeschieden, sondern im terminalen Ileum resorbiert. Dies nennt man den **enterohepatischen Kreislauf** der Gallensäuren.

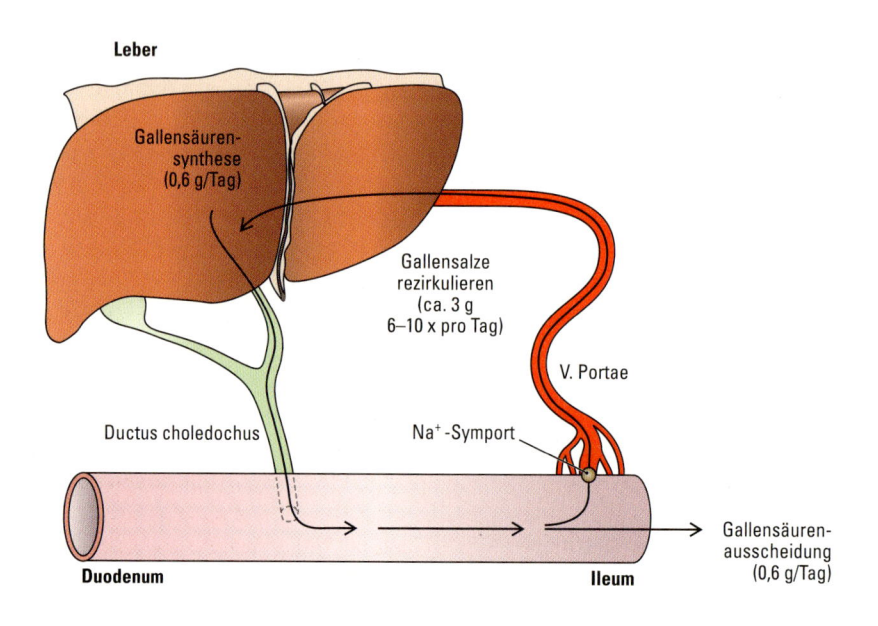

Abb. 26: Enterohepatischer Kreislauf der Gallensäuren

2.2.4 Gallensekretion

Vom Gesamtbestand des Körpers an Gallensäuren (zwei bis vier Gramm) werden täglich nur etwa 0,6 g neu synthetisiert (und ebensoviel mit den Fäzes ausgeschieden). Insgesamt durchlaufen die Gallensäuren den enterohepatischen Kreislauf sechs- bis zehnmal täglich!

Im Gegensatz dazu unterliegt Bilirubin, das Abbauprodukt des Hämoglobins, nicht dem enterohepatischen Kreislauf. Es wird nur zu einem geringen Anteil aus dem Darm resorbiert; 85 % werden mit dem Stuhl ausgeschieden. Zum Teil wird Bilirubin durch Darmbakterien zu Urobilin und Stercobilin umgesetzt, die die braune Farbe des Stuhls hervorrufen.

In letzter Zeit tauchen im Physikum immer wieder Fragen auf, bei denen die Gefahr besteht, die Eigenschaften der Gallensäuren mit denen des Bilirubins zu verwechseln. Deshalb hier noch einmal eine Tabelle, die die wichtigsten Unterschiede aufführt:

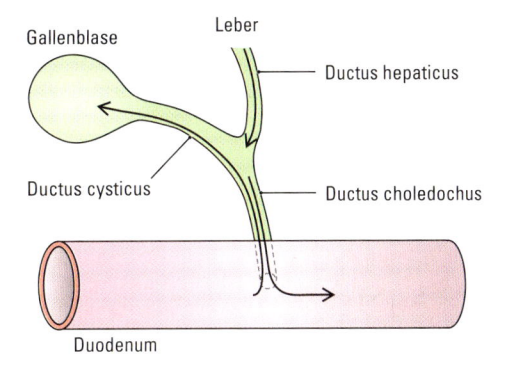

Abb. 27: Gallengänge und Gallenblase

medi-learn.de/6-physio2-27

Bilirubin	Gallensäuren
Abbauprodukt des Hämoglobins	Synthese aus Cholesterin
Konjugation mit Glucuronsäure	Konjugation mit Taurin/Glycin
85 % Ausscheidung mit den Fäzes	5 % Ausscheidung mit den Fäzes
15 % Rückresorption im Darm	95 % Rückresorption im Darm

Tab. 4: Eigenschaften von Gallensäuren und Bilirubin

Gallenblase

Die Galle gelangt von der Leber über den Ductus hepaticus in den Ductus choledochus, der an der Papilla duodeni in den Dünndarm mündet. Ist die Papilla verschlossen, staut sich die Galle zurück und gelangt über den Ductus cysticus in die Gallenblase.

Die Gallenblase fasst ein Volumen von ca. 60 ml und hat vor allem eine Speicherfunktion für die Galle. Außerdem wird in der Gallenblase die Galle konzentriert. Es wird Wasser resorbiert, sodass die Gallenbestandteile in der Blasengalle höher konzentriert sind als in der Lebergalle (Ausnahmen bilden hier lediglich einige Elektrolyte).

Gelangen Fette ins Duodenum, kontrahiert und entleert sich die Gallenblase, angeregt von Cholezystokinin und Acetylcholin.

Ikterus

Der Ikterus (Gelbsucht) ist ein wichtiges klinisches Symptom, das durch eine gelbliche Färbung der Haut und der Skleren auffällt. Das ist auf eine erhöhte Bilirubinkonzentration im Körper zurückzuführen. Ein Ikterus kann z. B. bei Hämolyse auftreten, da hier vermehrt Bilirubin anfällt. Dieses Bilirubin ist noch unkonjugiert, also hydrophob, und wird deshalb im Blut an Trägerproteine (v. a. Albumin) gebunden transportiert. Aufgrund der laborchemischen Nachweismethode wird das unkonjugierte Bilirubin auch indirektes Bilirubin genannt – es kann nur nach Trennung von seinem Transportprotein, also indirekt, nachgewiesen werden. Eine andere Ursache für einen Ikterus kann die gestörte Ausscheidung von Bilirubin (z. B. bei Verlegung der Gallenwege durch Steine oder Tumore) sein. Dabei wird das anfallende Bilirubin zwar von der Leber mit Glucuronsäure konjugiert, kann aber nicht in den Darm abgegeben werden und gelangt in den Blutkreislauf zurück. Dieses konjugierte Bilirubin ist hydrophil, kann direkt nachgewiesen werden und wird dementsprechend als direktes Bilirubin bezeichnet. Da das Bilirubin normalerweise dem Stuhl seine braune Farbe gibt, kommt es hierbei zu Entfärbung des Stuhls.

Gallensteine

Gallensteine bilden sich, wenn das Verhältnis der Gallenbestandteile zu Gunsten des Cholesterins oder zu Ungunsten der Gallensäuren verschoben ist. Also: Mehr Cholesterin und weniger Gallensäuren in der Gallenflüssigkeit begünstigen die Entstehung von Steinen.

2.2.5 Kolon

Die Funktion des Kolons wird wesentlich von seiner bakteriellen Flora bestimmt: Pro Milliliter Darminhalt enthält das Kolon etwa 10^{11} Bakterien. Diese Bakterien können bestimmte Vitamine (Vitamin K, Vitamin B_{12}) produzieren. Außerdem bilden sie bei der Zersetzung von Nahrungseiweißen Ammoniak, das der Körper dann über den Harnstoffzyklus entgiften muss. Einige Bakterien des Kolons besitzen Enzyme, die dem menschlichen Körper fehlen. So können sie z. B. die für uns unverdauliche Zellulose verwerten und daraus Fettsäuren, z. B. Propionsäuren, bilden. Schließlich übernimmt das Kolon einen geringen Teil der notwendigen Wasserresorption – etwa ein Liter Wasser wird am Tag im Dickdarm resorbiert.

Übrigens ...
Das Stuhlgewicht beträgt normalerweise 100–200g pro Tag. Zu 75 % besteht Stuhl aus Wasser. Von den 25 % Trockengewicht machen die Darmbakterien ein Drittel aus.

2.3 Peptidhormone des Magen-Darm-Trakts

Die Peptidhormone des Magen-Darm-Trakts werden von spezialisierten Zellen synthetisiert, die in die Schleimhaut von Magen und Darm eingestreut sind. Diese Zellen gehören zum APUD-Zellsystem (Amine Precursor Uptake and Decarboxylation). Sie nehmen also Aminosäuren auf und decarboxylieren diese, sodass biogene Amine entstehen. Im Folgenden wird eine kleine Auswahl der wichtigsten Peptidhormone beschrieben. Einige davon werden oft in der mündlichen Prüfung gefragt.

2.3.1 Gastrin

Gastrin wird von den **G-Zellen im Antrum und Duodenum** produziert und bei Anstieg des pH-Werts des Magens freigesetzt – ein niedriger Magen-pH hemmt die Gastrinausschüttung. Daneben stimulieren auch Peptide und Aminosäuren, die sich im Magenlumen befinden, die Gastrinausschüttung. Gastrin seinerseits stimuliert die Belegzellen des Magens zur vermehrten Freisetzung von Magensäure (s. Abb. 20, S. 27 und Abb. 21, S. 28).

2.3.2 Sekretin

Sekretin wird von den S-Zellen im Dünndarm freigesetzt. Der Reiz für die Ausschüttung ist ein Abfall des duodenalen pH-Werts, also vor allem durch Magensaft im Duodenum. Sekretin ist der **stärkste Stimulus der Gallensekretion** durch die Leber und erhöht den Gallenfluss im Ductus hepaticus. Außerdem stimuliert es die Ausführungsgänge der exokrinen Pankreasdrüsen zur Bicarbonatsekretion und bewirkt somit die Neutralisation der Magensäure.

2.3.3 CCK

Cholezystokinin, kurz CCK, stammt aus den I-Zellen im Dünndarm. Es wird freigesetzt, wenn Fette und Peptide ins Duodenum gelangen, und **stimuliert die Enzymsekretion aus den Azini des exokrinen Pankreas**, was die Peptid- und Fettverdauung ermöglicht. Weiterhin bewirkt es die Kontraktion der Gallenblase, sodass die zur Fettverdauung notwendige Galle ins Duodenum gelangt (s. Abb. 26, S. 32).

2.3.4 Serotonin

Das Serotonin (5-Hydroxytryptamin) ist eigentlich eher als Neurotransmitter im ZNS bekannt. Es wird aber auch im gesamten Magen-Darm-Trakt von APUD-Zellen gebildet und steigert die Darmmotilität. Bei Tumoren der enterochromaffinen Zellen, den Karzinoiden, wird Serotonin in großen Mengen gebildet und über die Pfortader zur Leber transportiert, die es inaktiviert. Allerdings kommt es vor, dass diese Tumore in die Leber metastasieren und das dort gebildete Serotonin ungehindert in den Blutkreislauf freigesetzt wird. Die Folge ist ein Karzinoid-Syndrom: anfallsweise auftretende purpurrote Verfärbung der Haut, Koliken, Diarrhöen, Übelkeit und Asthma. Nachweisen kann man ein Karzinoid-Syndrom über den Urin, dort ist dann nämlich das Serotonin-Abbauprodukt 5-Hydroxyindolessigsäure in hohen Konzentrationen enthalten.

2.3.5 Somatostatin

Somatostatin – Hemmstoff aller möglichen Vorgänge im Körper – wird ebenfalls von endokrin aktiven Zellen im Magen-Darm-Trakt, aber auch von spezialisierten Zellen im Pankreas (D-Zellen) sezerniert. Es hemmt im Pankreas die Ausschüttung von Insulin und Glukagon, im Magen-Darm-Trakt wirkt es vor allem dem Gastrin entgegen:
Somatostatin hemmt die Ausschüttung von Gastrin aus den G-Zellen und wird dementsprechend freigesetzt, wenn es im Magen sauer genug ist – also wenn der pH-Wert des Magens unter drei liegt.
Da es außerdem die Magenmotorik und die Sekretion von Magensäure hemmt, wurde es früher auch „Gastric Inhibitory Peptide" genannt.

2.4 Verdauung und Resorption

Unter Verdauung versteht man die chemische Zerlegung der Nahrung in ihre Bestandteile wie z. B. Monosaccharide oder Aminosäuren. Die Resorption beschreibt die Aufnahme der Nahrungsbestandteile in die Enterozyten, von wo aus sie entweder in die Lymphe (Fette) oder ins Blut abgegeben werden. Sowohl die Verdauung als auch die Resorption findet hauptsächlich im Dünndarm statt, besonders im Duodenum (mehr dazu s. Skript Biochemie 7).

2.4.1 Kohlenhydratverdauung und -resorption

Langkettige Kohlenhydrate werden vor allem von der α-Amylase aus dem Pankreassaft gespalten. Disaccharide werden von den Disaccharidasen gespalten, die sich im Bürstensaum des Duodenums befinden. Je nach dem spezifischen Disaccharid, das sie spalten, heißen sie z. B. Maltase oder Lactase.
Die entstehenden Monosaccharide werden sekundär-aktiv über einen Natrium-Symport-Carrier in die Enterozyten aufgenommen und diffundieren daraus passiv ins Blut. Eine Ausnahme bildet Fructose, deren Aufnahme in die Enterozyten passiv über einen spezifischen Carrier erfolgt.

> **Übrigens ...**
> Bei der Lactoseintoleranz ist das Enzym Lactase nicht in ausreichender Menge im Bürstensaum vorhanden. Der Milchzucker in der Nahrung kann deshalb nicht gespalten werden und bleibt im Darmlumen zurück. Der osmotisch sehr aktive Zucker zieht Wasser ins Darmlumen, was wässrige Durchfälle auslöst.

2 Ernährung und Verdauung

2.4.2 Eiweißverdauung und -resorption

Die Eiweißverdauung beginnt bereits im Magen: Die Salzsäure denaturiert die Proteine und das Pepsin beginnt bereits mit der Spaltung. Im Dünndarm werden die Eiweiße dann durch die Pankreasenzyme (Trypsin und Chymotrypsin) in Aminosäuren zerlegt.

Die Aminosäuren werden ebenfalls über einen **Natrium-Symport** in die Enterozyten aufgenommen. Hierfür gibt es vier verschiedene Carrier, die jeweils nur ihrer Chemie ähnliche Aminosäuren transportieren. Ins Blut gelangen die Aminosäuren ebenfalls passiv.

In geringem Maße werden auch Di- und Tripeptide über einen Protonen-Symport in die Enterozyten aufgenommen.

2.4.3 Fettverdauung und -resorption

Der Dünndarm ist der Ort der Fettverdauung. Die Gallensalze sind dafür essenziell: Sie sorgen für die **Emulgierung** der Nahrungsfette. Nur in der Emulsion – an der Grenze zwischen wässriger und fettiger Phase – können die Lipasen aus dem Pankreassaft aktiv werden. Dort spalten sie die Nahrungsfette zu Monoglyceriden und freien Fettsäuren. Diese Fettspaltprodukte bilden mit den Gallensäuren **Mizellen**. Das funktioniert ungefähr so: Die Fettspaltprodukte werden im Inneren der Mizellen transportiert, außen lagern sich die Gallensäuren an. Die lipophilen Anteile der Gallensäuren zeigen dabei nach innen, die hydrophilen nach außen. Innerhalb der Mizellen werden die Fettspaltprodukte bis an den Bürstensaum der Enterozyten transportiert, von wo aus sie **passiv in die Enterozyten** diffundieren. Dabei werden freie Fettsäuren auch über Carrier resorbiert.

In den Enterozyten werden aus den Fettspaltprodukten wieder Fette synthetisiert. Diese werden zusammen mit Apolipoproteinen in **Chylomikronen** eingebaut, die in die **Lymphbahnen** des Darms abgegeben werden, die Leber umgehen und über den Ductus thoracicus in die Blutbahn gelangen. Auch für die enterale Aufnahme von Cholecalciferol (Vitamin D_3) werden Gallensäuren benötigt, da es sich dabei um ein fettlösliches Vitamin handelt.

2.4.4 Vitamin B_{12}/Intrinsic Factor

Im Gegensatz zu den meisten anderen Stoffen, die im Duodenum resorbiert werden, wird das Vitamin B_{12} (Cobalamin) erst im **terminalen Ileum** resorbiert. Diese Resorption ist nur möglich, wenn sich ausreichend Intrinsic Factor aus den Belegzellen des Magens im Darmlumen befindet. Der **Intrinsic Factor** und das Vitamin B_{12} gehen im Darmlumen eine feste Bindung ein. Nur in dieser gebundenen Form kann Vitamin B_{12} an seinen Rezeptor im terminalen Ileum binden, wo es dann durch Endozytose aufgenommen wird.

> **Übrigens …**
> Bei manchen Patienten kommt es nach Operationen des Magens zu einem Mangel an Intrinsic Factor und damit auch zu einem Mangel an Vitamin B_{12}. Dieser äußert sich dann in Form einer hyperchromen Anämie (perniziöse Anämie).

2.4.5 Eisenstoffwechsel

Das Spurenelement Eisen wird im Duodenum resorbiert. Dazu muss Eisen in zweiwertiger Form (in reduzierter Form) vorliegen. Reduktionsmittel wie Vitamin C verbessern die Eisenresorption im Duodenum, da sie das Eisen in der reduzierten Form halten. Komplexbildner wie Phosphat dagegen hemmen die Eisenresorption.

Im Körper ist das Eisen an verschiedene Trägerproteine gebunden: intrazellulär an Ferritin und Hämosiderin, extrazellulär an Transferrin und Hämoglobin. Der weitaus größte Teil (ca. 70 % des Körpereisens) ist dabei an Hämoglobin gebunden. Weitere Eisenspeicher in Form von Ferritin finden sich vor allem in den Hepa-

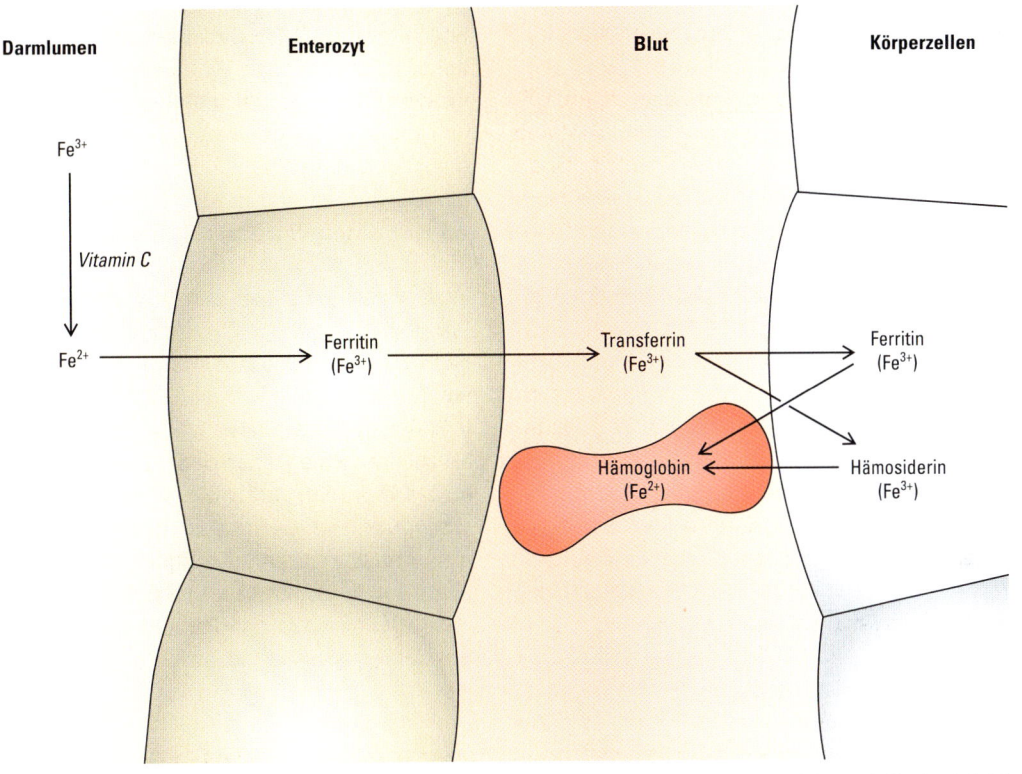

Abb. 28: Eisenstoffwechsel
medi-learn.de/6-physio2-28

tozyten der Leber, dem Knochenmark und den Enterozyten. Der Eisen-Gesamtbestand eines gesunden Erwachsenen beträgt etwa drei bis fünf Gramm.

Das beim Abbau der Erythrozyten freiwerdende Eisen wird zum größten Teil wiederverwendet: Zunächst wird das Hämoglobin im Blutplasma an das Trägerprotein Haptoglobin gebunden. In der Leber wird das Häm zu Bilirubin umgewandelt, welches mit der Galle ausgeschieden wird. Im Gegensatz dazu wird das frei werdende Eisen wieder in neu synthetisiertes Hämoglobin eingebaut. Eisen kann vom Körper nicht aktiv ausgeschieden werden! Eisenverluste gibt es nur – vom Körper nicht beeinflussbar – durch Blutverluste und Abschilferung von Enterozyten. Die Eisenbilanz wird vom Körper ausschließlich über die Eisenresorption reguliert, je nach Bedarf werden 10–40 % des Nahrungseisens resorbiert.

2.4.6 Wasser- und Elektrolytresorption

Selten im schriftlichen Examen gefragt, dafür aber beliebt in der mündlichen Prüfung. Täglich gelangen etwa zehn Liter Wasser in den Darm (durch Nahrung und Verdauungssäfte), mit dem Stuhl werden aber nur etwa 100 ml ausgeschieden. Etwa neun Liter werden im Dünndarm resorbiert und nur ein Liter im Dickdarm. Die treibende Kraft für die Wasserresorption ist die osmotische Kraft des Natriums, das vor allem durch den Dünndarm fast vollständig resorbiert wird. Natrium hat von allen Ionen die höchste Resorptionskapazität.

Diarrhö

Diarrhöen (Durchfälle) stellen Mediziner meist vor ein ganz profanes Problem: Bei Durchfällen gehen große Flüssigkeitsmengen über den Darm verloren, sodass die Gefahr einer Exsikkose (Austrocknung) besteht. In unseren

Krankenhäusern ist das meist ein schnell lösbares Problem, da über intravenöse Infusionen eine effektive Rehydrierung möglich ist. Anders ist das in Entwicklungsländern, wo einfacher Durchfall häufig – insbesondere für Kinder – eine lebensbedrohliche Erkrankung darstellt. Dort werden – sofern vorhanden – „orale Rehydratationslösungen" eingesetzt, die sich die physiologischen Vorgänge im Darm zunutze machen:

Wie oben geschildert, wird die Wasserresorption durch die Natriumresorption im Darm vorangetrieben. Ähnliches gilt für die Glucoseresorption: Glucose und Natrium werden über einen Kotransporter aufgenommen.

Orale Rehydratationslösungen enthalten deshalb Glucose oder Stärke, die im Darm zu Glucose gespalten wird, Natrium (meist als Kochsalz) und natürlich Wasser.

Übrigens ...
Eine ganz banale orale Rehydratationsmöglichkeit wurde sicher vielen von euch in der Kindheit verabreicht: Cola und Salzstangen. Das hilft zwar in keinster Weise gegen den Durchfall, beugt aber effektiv einer Austrocknung vor.

2.5 Regulation des Essverhaltens

Im Zeitalter der Adipositas sind die Mechanismen, die unser Essverhalten regulieren, Gegenstand intensiver Forschung. Im Hypothalamus befinden sich zwei Zentren der Appetitregulation: ein Esszentrum und ein Sattheitszentrum. Periphere und zentrale Botenstoffe modulieren die Aktivität dieser Zentren.

So ist über das Proteohormon **Leptin** bekannt, dass es über seine Wirkung auf den Hypothalamus den Appetit hemmt. Leptin ist ein Hormon, das vom Fettgewebe produziert wird und dessen Blutspiegel gut mit der Körperfettmenge korreliert. Leider scheint aber der menschlichen Adipositas kein Leptinmangel zugrunde zu liegen, der sich sehr einfach therapieren ließe, sondern eine Resistenz der hypothalamischen Leptinrezeptoren.

DAS BRINGT PUNKTE

Besonders die Mechanismen und die Steuerung der Sekretion stehen in der schriftlichen Physikumsprüfung im Vordergrund. Zur **Speichelsekretion** wurde bislang vor allem gefragt:
- Der Primärspeichel der Azini ist plasmaisoton.
- In den Ausführungsgängen werden Natrium und Chlorid resorbiert, Kalium und Bicarbonat sezerniert.
- Bei höheren Flussraten steigen die Natrium- und die Chloridkonzentration des Speichels.

Die **Magensäuresekretion** ist sowohl in der schriftlichen als auch in der mündlichen Prüfung ein wichtiges Thema. In den letzten Examina wurden vor allem die folgenden Punkte wiederholt gefragt:
- Histamin wird in der Magenwand durch Gastrin freigesetzt.
- Histamin und Gastrin stimulieren die Sekretion von Magensäure.
- Auf der luminalen Seite der Belegzellen befindet sich die H^+/K^+-ATPase, die Protonen ins Magenlumen pumpt und dabei ATP verbraucht.

Auch zum **Pankreassaft** gibt es einige Aussagen, die besonders viele Punkte einbringen:
- Pankreassaft ist reich an Bicarbonat, um die in den Darm gelangte Magensäure zu neutralisieren.
- Bicarbonat wird im Pankreasgang über einen Bicarbonat/Chlorid-Antiporter in den Pankreassaft sezerniert.
- Mit steigender Flussrate nimmt die Bicarbonatkonzentration im Pankreassaft zu, die Chloridkonzentration nimmt ab.
- Bei der Mukoviszidose ist die Sekretion von Chlorid und Bicarbonat in den Pankreassaft vermindert.

Zur **Galle** und ihren Bestandteilen solltest du vor allem wissen, dass
- die Gallensekretion durch Sekretin stimuliert wird und
- Bilirubin NICHT dem enterohepatischen Kreislauf unterliegt und zu ca. 85 % mit dem Stuhl ausgeschieden wird.

Und auch hier noch einmal: Bitte lies die Fragen zu **Bilirubin und Gallensäuren** möglichst genau und nimm dir einen Moment Zeit, darüber nachzudenken. Gallensäuren und Bilirubin sind wirklich leicht verwechselbar.

Außerdem sind noch zwei Aussagen in Bezug auf die **Resorption** gute Punktelieferanten:
- Glucose und Aminosäuren werden über einen Na^+-Symport sekundär-aktiv resorbiert.
- Vitamin B_{12} wird im terminalen Ileum resorbiert.

FÜRS MÜNDLICHE

Alles verstanden? Dann bist du bestens gerüstet! Beantworte nun die Fragen zum Thema Ernährung und Verdauung aus unserer Datenbank.

1. Beschreiben Sie bitte die Steuerung der Magensäuresekretion.

2. Erklären Sie bitte, wie es zur Entstehung von Magenulcera kommt und wie man sie therapieren kann.

3. Nennen Sie bitte typische Bewegungsmuster des Verdauungstrakts.

FÜRS MÜNDLICHE

1. Beschreiben Sie bitte die Steuerung der Magensäuresekretion.
Geruch und Geschmack sowie Magendehnung → Nervus vagus → Acetylcholin
Magendehnung → Gastrin (aus G-Zellen des Antrums) Acetylcholin + Gastrin → Histaminausschüttung aus ECL-Zellen
- Acetylcholin, Gastrin und Histamin stimulieren die Magensäuresekretion.
- Peptide aus dem Duodenum hemmen die Magensäuresekretion.
- Die Gastrinausschüttung hängt vom Magen-pH ab.

2. Erklären Sie bitte, wie es zur Entstehung von Magenulcera kommt und wie man sie therapieren kann.
Normalerweise herrscht ein Gleichgewicht von schädigenden (Magensäuren) und schützenden (Schleim und Bicarbonate) Stoffen im Magen. Bei Verschiebung des Gleichgewichts zugunsten der Magensäure entstehen Ulcera.

Möglicher Auslöser: Acetylsalicylsäure (Aspirin) → Hemmung der Prostaglandinsynthese in der Magenwand → geringere Sekretion von Schleim und Bicarbonat
Außerdem kann die Besiedlung durch das Bakterium Helicobacter pylori zur Entstehung von Magengeschwüren beitragen. Sie können mit Protonenpumpenhemmern und Antibiotika therapiert werden.

3. Nennen Sie bitte typische Bewegungsmuster des Verdauungstrakts.
- propulsive Peristaltik
- nichtpropulsive Peristaltik (stehende Wellen)
- rezeptive Relaxation (Akkommodationsreflex)
- tonische Dauerkontraktion (der Sphinkteren)
- retrograde Peristaltik (z. B. beim Erbrechen)
- IMMC (interdigestiver myoelektrischer Motorkomplex)

Pause

Soviel zum Thema Ernährung ...
Und jetzt kannst du dich
entspannt auf das letzte Kapitel stürzen!

Mehr Cartoons unter www.medi-learn.de/cartoons

Für Studierende der akademischen Heilberufe:
Kostenfreies MEDI-LEARN Biochemie-Poster.

- Von Dozenten entwickelt
- Ideale Lernhilfe
- Besonders übersichtlich
- Grafisch exzellent aufbereitet
- Kostenfrei – nur von Ihrem persönlichen Berater der Deutschen Ärzte Finanz

Lassen Sie sich beraten!

Nähere Informationen und unseren Repräsentanten vor Ort finden Sie im Internet unter www.aerzte-finanz.de

Deutsche Ärzte Finanz

Standesgemäße Finanz- und Wirtschaftsberatung

3 Energie- und Wärmehaushalt

▎▎ Fragen in den letzten 10 Examen: 8

Der Energie- und Wärmehaushalt des Menschen ist im Examen nur ein kleiner Bereich der Physiologie, den es sich aber trotzdem zu lernen lohnt. Vor allem für das schriftliche Examen ist der Stoff überschaubar.

3.1 Energiehaushalt

In der Physik ist Energie als Speicherform von Arbeit definiert – geleistete Arbeit kann also in Form von Energie gespeichert werden. Energie kann mechanisch (z. B. in einer gespannten Feder oder auch in einem gespannten Muskel), elektrisch (z. B. in einem Plattenkondensator) und chemisch (z. B. in Zucker oder ATP) gespeichert werden. Sie hat die gleiche physikalische Einheit wie die Arbeit (Newton · Meter bzw. Joule). Ständig wird im Körper Energie umgewandelt, z. B. Glucose in ATP, ATP in Muskelarbeit oder ATP in Natrium und Kaliumkonzentrationsgradienten. Bei jeder dieser Energieumwandlungen geht dem Körper auch Energie verloren, die als Wärme freigesetzt wird.

3.1.1 Brennwerte

Die Energiezufuhr des Körpers wird über die Nahrung geregelt. Die verschiedenen **physiologischen Brennwerte** der Nährstoffe solltest du dir unbedingt merken:
- Kohlenhydrate: 17 kJ/g
- Eiweiß: 17 kJ/g
- Fett: 39 kJ/g
- Alkohol: 30 kJ/g

Bei Kohlenhydraten, Fetten und Alkohol entspricht der physiologische Brennwert dem physikalischen – diese Substanzen werden von unserem Körper vollständig zu O_2 und H_2O abgebaut. Bei den Eiweißen gibt es noch eine Besonderheit: Ihr physikalischer Brennwert beträgt 21 kJ/g. Die Differenz zwischen dem physiologischen und dem physikalischen Brennwert kommt dadurch zustande, dass der Körper die Eiweiße nicht vollständig abbaut. Das Endprodukt der Eiweißverdauung ist Ammoniak, das selbst noch einiges an Energie hat und zu dessen Entgiftung der Körper noch zusätzlich Energie aufbringen muss.

3.1.2 Grundumsatz und Ruheumsatz

Der Grundumsatz bezeichnet den Energieumsatz unter standardisierten Ruhebedingungen. Darunter versteht man folgende Umstände: morgens, nüchtern, in Ruhe, bei thermischer Indifferenz und bei normaler Körpertemperatur. Der Grundumsatz beträgt bei Männern **4,2 kJ/kg/h**, bei Frauen **3,8 kJ/kg/h**. Bei einem 70 Kilogramm schweren Mann ergeben sich für den Grundumsatz 7056 kJ pro Tag oder etwa 7 MJ.
Jede Abweichung von den standardisierten Ruhebedingungen führt zu falschen Messungen des Grundumsatzes, da durch jede Form der Bewegung, Verdauung und Temperaturveränderung zusätzlich Energie verbraucht wird.

> **Übrigens ...**
> Der größte Teil des erhöhten Energieumsatzes bei geistiger Tätigkeit (z. B. Kopfrechnen) beruht auf dem gleichzeitigen, reflektorischen Anstieg des Muskeltonus.

3.1.3 Energiespeicherung

Die Energie, die der Körper akut nicht benötigt, speichert er in verschiedenen chemischen Formen.
- Die meiste Energie wird als Fett gespeichert.

- Kohlenhydrate werden in Form von Glykogen in der Leber synthetisiert und gespeichert, um bei niedrigen Zuckerspiegeln wieder mobilisiert zu werden.
- Für die Muskelarbeit haben die Muskeln ihre eigenen Energiespeicher:
- Glykogen,
- Kreatinphosphat und
- ATP (Adenosintriphosphat).

Von diesen vier Speicherformen hat ATP den geringsten Anteil an der Energiespeicherung.

3.1.4 Respiratorischer Quotient

Der respiratorische Quotient ist definiert als CO_2-Abgabe des Körpers geteilt durch die O_2-Aufnahme. Er kann durch Messungen in der Atemluft bestimmt werden.

Der respiratorische Quotient ist abhängig von der Art der Nährstoffe, die ein Mensch zu sich nimmt. Zum Beispiel wird bei der Verstoffwechselung eines Glucosemoleküls ein Molekül CO_2 produziert und ein Molekül O_2 verbraucht:

$C_6O_6H_{12} + 6\,O_2 \rightarrow 6\,CO_2 + 6\,H_2O$.

Der respiratorische Quotient für Kohlenhydrate beträgt also = 1.

Der respiratorische Quotient für Fette ist deutlich kleiner als der für Kohlenhydrate (etwa 0,7). Bei normaler Mischkost wird mit einem respiratorischen Quotienten von 0,82 gerechnet.

3.1.5 Kalorisches Äquivalent

Da der Körper zur Energiegewinnung Sauerstoff verbraucht, kann man aus dem Sauerstoffverbrauch auf den Energieverbrauch einer Person schließen. Dazu wird der Sauerstoffverbrauch mit einem festen Faktor – dem kalorischen Äquivalent – multipliziert. Das kalorische Äquivalent hat die Einheit kJ/l O_2 (Kilojoule pro Liter Sauerstoff) und beträgt für durchschnittliche Kost 20 kJ/l O_2. Bei reinem Fettabbau ist es geringfügig niedriger als bei reinem Glucoseabbau.

3.1.6 Kalorimetrie

Die Messverfahren zur Bestimmung des Energieverbrauchs nennt man kalorimetrische Verfahren.
- Bei der **direkten Kalorimetrie** wird die Versuchsperson in eine geschlossene Kammer gesetzt und die Erwärmung der Kammer bestimmt, aus der dann auf die verbrauchte Energie geschlossen werden kann. Dieses sehr aufwendige Verfahren wird kaum noch angewendet.
- Bei der **indirekten Kalorimetrie** wird der O_2-Verbrauch der Versuchsperson bestimmt und daraus mit Hilfe des kalorischen Äquivalents die verbrauchte Energiemenge bestimmt. Die indirekte Kalorimetrie kann im **geschlossenen** oder im **offenen** System durchgeführt werden.

Gefragt wurde schon nach der Kalorimetrie im geschlossenen System: Hierbei atmet der Proband in ein Spirometer, wobei das CO_2 aus der Atemluft sofort entfernt wird. Durch den Sauerstoffverbrauch des Probanden verringert sich das im Spirometer befindliche Volumen. Das fehlende Volumen entspricht daher dem verbrauchten Sauerstoff.

Bei der Kalorimetrie im geschlossenen System müssen also keine Gaspartialdrücke gemessen werden.

Das Messen von Gaspartialdrücken findet im offenen System Verwendung: In der vom Probanden ausgeatmeten Luft werden die Partialdrücke von O_2 und CO_2 bestimmt und daraus durch den Vergleich mit der Einatemluft die verbrauchte Sauerstoffmenge errechnet. Der Energieverbrauch bzw. der Energieumsatz stellt die Energiemenge pro Zeiteinheit dar, die ein Mensch zur Aufrechterhaltung seiner Lebensvorgänge benötigt. Der Energieumsatz berechnet sich aus dem Grundumsatz und dem Leistungs- oder Arbeitsumsatz des Individuums.

3.2 Wärmehaushalt

Der Wärmehaushalt beschreibt den Verbrauch von Energie für die Körpertemperaturregulation.

3.2.1 Körpertemperatur im Tagesverlauf

Die Körpertemperatur des Menschen wird vom Körper möglichst konstant gehalten. Die normale Körpertemperatur liegt dabei bei 36,5 Grad Celsius. Trotzdem gibt es physiologische zirkadiane Schwankungen der Körpertemperatur um etwa ein Grad: Das Minimum wird um vier Uhr morgens erreicht, das Maximum um 18 Uhr.

3.2.2 Regelung der Körpertemperatur

Wie die meisten Wohnungen hat unser Körper eine Art Thermostat, der die Körpertemperatur konstant hält: den Hypothalamus. Hier befindet sich das Kerngebiet, das die Körpertemperatur reguliert. Messen die Thermorezeptoren des Körpers zu hohe oder zu niedrige Temperaturen, kann der Hypothalamus über verschiedene Mechanismen Wärmebildung oder Wärmeabgabe veranlassen. Fieber zum Beispiel wird durch Prostaglandin E2 mitverursacht, welches von den Endothelzellen der Gefäße des Hypothalamus freigesetzt wird. Die Umgebungstemperatur (= Lufttemperatur), die als angenehm empfunden wird, nennt man Indifferenztemperatur oder **Behaglichkeitstemperatur**.

Innerer Wärmestrom

Die Temperatur ist nicht überall im Körper gleich: Die höchsten Temperaturen herrschen im „Kern des Körpers", niedrigere Temperaturen in der Peripherie, also in den Extremitäten und der Haut. Die Temperatur des Körperkerns ist von Schwankungen der Außentemperatur weitestgehend unabhängig, während die Peripherie bei niedrigen Außentemperaturen stark heruntergekühlt – denke nur einmal an die extrem kalten Finger und Füße im Winter. Deshalb wird in der Klinik bei wichtigen Fragestellungen die Messung der Körperkerntemperatur (meist rektal) der axillären Messung vorgezogen.

Der Temperaturausgleich zwischen Körperkern und Peripherie geschieht über den Wärmetransport mit dem Blut. Dieser Mechanismus wird auch **innerer** Wärmestrom genannt. Bei niedrigen Außentemperaturen wird der Blutfluss u. a. zur Haut gedrosselt, sodass die Peripherie abkühlt. So wird der Wärmeverlust des Körpers minimiert. Bei hohen Außentemperaturen werden dagegen die Hautgefäße erweitert und die Temperatur von Haut und Akren erhöht sich.

Wärmebildung

Um die Körpertemperatur gezielt zu erhöhen, nutzt der Körper folgende Mechanismen:
– Muskelbewegungen (willkürliche und Zittern),
– zitterfreie Wärmebildung im braunen Fettgewebe des Säuglings: In den braunen Fettzellen ist die Atmungskette durch Thermogenin (UCP1 = uncoupling protein 1) entkoppelt, sodass kein ATP gebildet werden kann. Thermogenin macht die innere Mitochondrienmembran für H^+-Ionen permeabler, wodurch die entsprechende Energie als Wärme frei wird. Die Wärmebil-

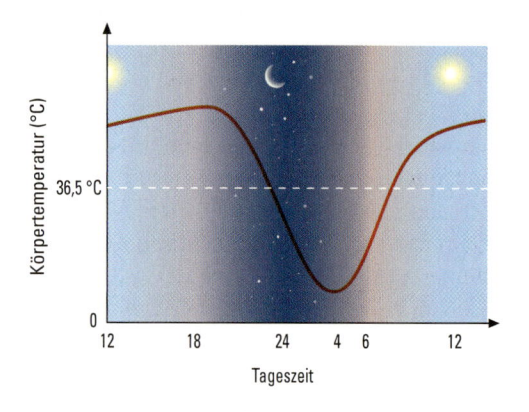

Abb. 29: Zirkadiane Schwankung der Körpertemperatur
medi-learn.de/6-physio2-29

dung im braunen Fettgewebe wird durch β-Adrenorezeptoren stimuliert.

Wärmeabgabe

Vier Mechanismen nutzt der Körper zur Wärmeabgabe:
- Konduktion
- Konvektion
- Wärmestrahlung
- Verdunstung

Konduktion: Unter Konduktion oder Wärmeleitung versteht man die direkte Abgabe von Wärme an umgebende Körper. Zum Beispiel geben deine Hände, wenn sie gerade auf dem Schreibtisch liegen, direkt Wärme an den Schreibtisch ab – deshalb fühlt er sich für dich kalt an. Diese Art der Wärmeabgabe ist rein physikalisch und funktioniert nur, solange die Schreibtischtemperatur unter der Hauttemperatur liegt. Liegt die Temperatur des Festkörpers über der Hauttemperatur, nimmt der Körper über Konduktion Wärme auf – wie wenn du dir im Winter die Hände an einem Becher Glühwein wärmst. Wie viel Wärme der Festkörper über Konduktion aufnehmen kann, hängt übrigens von seiner Wärmeleitfähigkeit ab: Zum Beispiel entzieht Metall dem Körper mehr Wärme als Holz – das Metall hat die höhere Wärmeleitfähigkeit und fühlt sich deshalb kälter an.

Konvektion: Mit Konvektion ist der Verlust von Wärme an die Umgebungsluft gemeint: Die Luft in der Nähe des Körpers wird erwärmt, diese wärmere Luft steigt dann nach oben, wodurch wieder kältere Luft in Körpernähe gelangt und ihrerseits erwärmt werden kann. Warme Luft ist eben leichter als kalte Luft und steigt deshalb immer nach oben. Übrigens: Genauso gibt auch ein Heizkörper Wärme an die Raumluft ab. Der Begriff Konvektion meint genaugenommen nur den Wärmeverlust mit bewegter Luft, das Erwärmen unbewegter Luft geschieht durch Konduktion!
Wie bei der Konduktion wird auch über Konvektion nur dann Wärme abgegeben, wenn die Lufttemperatur niedriger als die Körpertemperatur ist. Außerdem steigt der Wärmeverlust durch Konvektion an, wenn es umweltbedingt starke Luftbewegungen gibt. Deshalb friert man bei starkem Wind wesentlich mehr als bei Windstille.

Wärmestrahlung: Jeder Körper gibt über Wärmestrahlung ständig Energie an die umgebenden Gegenstände ab, die eine niedrigere Temperatur haben als der Körper selbst. Anders als bei der Konduktion ist hier keine Berührung des Gegenstandes erforderlich! Die Menge der abgestrahlten Energie hängt vor allem von der Temperaturdifferenz zu dem entsprechenden Gegenstand und nicht von der Lufttemperatur ab.
Das ist auch der Grund dafür, dass man im Winter in einer Wohnung, die einige Zeit leer stand, auch noch friert, nachdem die Heizung die Luft erwärmt hat: Die Wände sind von der Heizung nicht aufgewärmt worden, sodass der Körper Wärmestrahlung an die Wände abgibt. Nach einiger Zeit – wenn auch die Wände auf Zimmertemperatur aufgewärmt worden sind – reduziert sich die über Wärmestrahlung abgegebene Energie, man friert nicht mehr und fängt an, sich zuhause zu fühlen.

> **Übrigens ...**
> Bei Bedingungen, wie sie innerhalb der eigenen Wohnung auftreten (Raumtemperatur ~ 20 °C, relative Windstille) erfolgt der größte Teil der Wärmeabgabe über Wärmestrahlung.

Evaporation: Von der Körperoberfläche verdampfendes Wasser entzieht dem Körper Wärme. Die Wärmeabgabe durch Verdunstung (Evaporation) ist nur dann möglich, wenn der Wasserdampfpartialdruck auf der Haut höher ist als der der umgebenden Luft. Auf der Haut beträgt der Wasserdampfpartialdruck etwa 6,3 kPa.
Der Wasserdampfpartialdruck der Luft hängt von der Luftfeuchtigkeit und der Lufttemperatur ab: In 37 °C warmer Luft mit 100 % Luftfeuchtig-

keit beträgt der Wasserdampfpartialdruck der Luft 6,3 kPa, sodass keine Wärme mehr über Verdunstung abgegeben werden kann. Kältere Luft hat immer einen niedrigeren Wasserdampfpartialdruck als die Haut, sodass die evaporative Wärmeabgabe an kältere Luft immer – auch bei 100 % Luftfeuchtigkeit – möglich ist. Der Körper erwärmt die Luft in seiner Nähe konvektiv und die wärmere Luft kann mehr Wasserdampf aufnehmen. Diese Verhältnisse sind in Abb. 30, S. 46 dargestellt: Bei 100 % Luftfeuchtigkeit ist die evaporative Wärmeabgabe nur bis 37 °C möglich – also solange bis die Lufttemperatur der Körpertemperatur entspricht.

Kannst du dir vorstellen, wie die Kurve bei geringerer Luftfeuchtigkeit, z. B. bei 90 %, aussähe? Bei 90 % Luftfeuchtigkeit kann auch bei 37 °C und mehr noch Wärme über Verdunstung abgegeben werden, allerdings auch nicht bis zu beliebig hohen Temperaturen. Bei geringen Temperaturen könnte mehr Wärme abgegeben werden als bei 100 % Luftfeuchtigkeit. Bei 90 % Luftfeuchtigkeit verläuft die Kurve also rechts bzw. über der oben gezeichneten und zu dieser parallel.

Zum Teil kann der Körper die evaporative Wärmeabgabe gezielt über die Schweißsekretion steuern (Perspiratio sensibilis). Bei großen Verlusten von (elektrolytarmem) Schweiß droht die Gefahr einer **hypertonen Dehydratation**.

Daneben tragen täglich etwa 400 ml Wasser unwillkürlich zur evaporativen Wärmeabgabe bei – sie verdunsten von den Schleimhäuten oder nach Diffusion durch die Haut (Perspiratio insensibilis). Schweißdrüsen haben ausschließlich cholinerge Rezeptoren. Der prä- und postsynaptische Transmitter ist Acetylcholin.

> **Merke!**
>
> Wärmeabgabe durch Verdunstung ist auch dann möglich, wenn die Lufttemperatur höher als die Hauttemperatur ist. Der Partialdruck kann deutlich unter dem der Haut liegen, vorausgesetzt, die Luft ist nicht wasserdampfgesättigt.

3.2.3 Hitzeakklimatisation

Unter Hitzeakklimatisation versteht man den Prozess der dauerhaften Anpassung an ein heißeres Klima:

Der Körper sondert schon bei niedrigeren Temperaturen mehr Schweiß ab, um sich von vornherein möglichst effektiv zu kühlen. Um der Gefahr der hypertonen Dehydratation vorzubeugen, wird das Durstgefühl verstärkt, sodass die Trinkmenge steigt. Auch der Wasserspeicher des Körpers wird erhöht, das Plasmavolumen steigt.

Fieber entsteht, wenn im Körper (z. B. aus zerfallenden Bakterien) Pyrogene freigesetzt werden. Diese Pyrogene wirken auf die Zentren der Temperaturregulation im Hypothalamus und bewirken dort eine Sollwertverstellung. Durch die Differenz zwischen effektiver Körpertemperatur und Sollwert beginnt der Körper, Wärme zu bilden – der Patient friert. Bei sehr schnellen Temperaturanstiegen kommt es durch unwillkürlicher Muskelbewegungen zur Wärmebildung (zum Schüttelfrost). Wird die Infektion eingedämmt, wirken weniger Pyrogene auf den Hypothalamus, der Sollwert wird wieder nach unten verstellt – die Körpertemperatur sinkt. Während dieser Phase ist dem Patienten warm – so kann man anhand des subjektiven Befindens des Patienten klinisch gut zwischen der Phase des Fieberanstiegs und der Fiebersenkung unterscheiden.

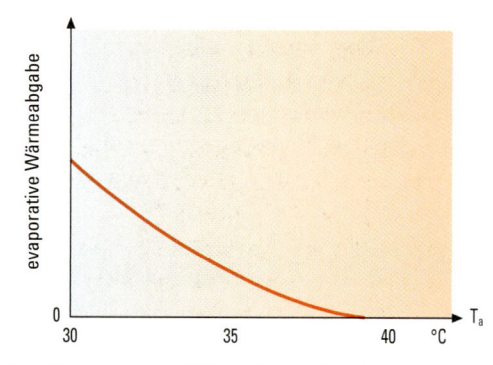

Abb. 30: Evaporative Wärmeabgabe in Abhängigkeit von der Temperatur bei 100 % Luftfeuchtigkeit

medi-learn.de/6-physio2-30

DAS BRINGT PUNKTE

Im Bereich des **Energiehaushalts** musst du dir leider einige Zahlen und Formeln merken. Vor allem die Brennwerte solltest du unbedingt kennen:
Kohlenhydrate und Eiweiße 17 kJ/g, Fette 39 kJ/g und Alkohol 30 kJ/g. Sie werden zum Teil einfach als Zahlenwerte abgefragt, zum Teil in Rechenaufgaben, wie in diesem Beispiel:
Wie viel Gramm Stärke haben den gleichen Energiegehalt wie 50 g Alkohol?
50 g Alkohol haben den Energiegehalt 1500 kJ (50 g · 30 kJ/g). Teilt man diese Energiemenge durch den Brennwert für Kohlenhydrate, ergibt sich die gefragte Menge Stärke:
1500 kJ / (17 kJ/g) ≈ 85 g

Zum Thema **Wärmehaushalt** sollst du für das schriftliche Examen folgende Fakten parat haben:
- Die Temperaturkurve schwankt im Tagesverlauf physiologisch um etwa ein Grad Celsius. Das Minimum wird um vier Uhr morgens erreicht.
- Die Wärmeabgabe durch Verdunstung (Evaporation) hängt von der Wasserdampfpartialdruckdifferenz zwischen der Haut und der Umgebungsluft ab. Bei 100 %iger Wasserdampfsättigung der Luft ist evaporative Wärmeabgabe nur an kältere Luft (unter 37 °C) möglich. Hat die Luft 37 °C und mehr, ist keine evaporative Wärmeabgabe mehr möglich.

FÜRS MÜNDLICHE

Beantworte nun noch unsere Fragen zum Energiehaushalt und lehne dich danach entspannt zurück für ein wohlverdientes Päuschen.

1. Definieren Sie bitte den Begriff „Energie".
2. Bitte erklären Sie, warum der Patient zur Bestimmung des Grundumsatzes nüchtern sein muss.
3. Beschreiben Sie bitte den Regelkreis der Temperaturregulation.
4. Bitte erklären Sie, wie Progesteron auf die Körpertemperatur wirkt.
5. Erklären Sie bitte, was bei Fieber passiert.

---

1. Definieren Sie bitte den Begriff „Energie".
Energie ist die Speicherform von Arbeit (geleistete Arbeit wird in Form von Energie gespeichert). Energie kann mechanisch, elektrisch und chemisch gespeichert werden. Sie hat die gleiche physikalische Einheit wie Arbeit:
Newton · Meter oder Joule.

2. Bitte erklären Sie, warum der Patient zur Bestimmung des Grundumsatzes nüchtern sein muss.
Die Verdauung und Absorption der Nahrung erhöhen den Energieumsatz des Körpers (spezifisch-dynamische Wirkung der Nahrung). Diese ist bei der Aufnahme von Eiweißen besonders hoch.

FÜRS MÜNDLICHE

3. Beschreiben Sie bitte den Regelkreis der Temperaturregulation.
Temperaturrezeptoren → Meldung der Körpertemperatur (peripher und zentral) an den Hypothalamus → Vergleich der Temperatur mit dem Temperatursollwert → bei Abweichung: Aktivierung von Mechanismen der Wärmebildung oder Wärmeabgabe

4. Bitte erklären Sie, wie Progesteron auf die Körpertemperatur wirkt.
Progesteron bewirkt eine Erhöhung des Sollwerts im Hypothalamus um 0,5 °C.

5. Erklären Sie bitte, was bei Fieber passiert.
Ausschüttung von Pyrogenen (fiebererzeugenden Stoffen) durch einen Infekt Pyrogene erhöhen den Sollwert des Hypothalamus → Wärmebildung (Patient friert subjektiv) bis zum Erreichen des Sollwerts

Pause

Geschafft! Hier noch ein kleiner Cartoon als Belohnung ... Und dann auf ans Kreuzen!

Mehr Cartoons unter www.medi-learn.de/cartoons

Ein besonderer Berufsstand braucht besondere Finanzberatung.

Als einzige heilberufespezifische Finanz- und Wirtschaftsberatung in Deutschland bieten wir Ihnen seit Jahrzehnten Lösungen und Services auf höchstem Niveau. Immer ausgerichtet an Ihrem ganz besonderen Bedarf – damit Sie den Rücken frei haben für Ihre anspruchsvolle Arbeit.

- Services und Produktlösungen vom Studium bis zur Niederlassung
- Berufliche und private Finanzplanung
- Beratung zu und Vermittlung von Altersvorsorge, Versicherungen, Finanzierungen, Kapitalanlagen
- Niederlassungsplanung & Praxisvermittlung
- Betriebswirtschaftliche Beratung

Lassen Sie sich beraten!

Nähere Informationen und unseren Repräsentanten vor Ort finden Sie im Internet unter www.aerzte-finanz.de

Deutsche Ärzte Finanz

Standesgemäße Finanz- und Wirtschaftsberatung

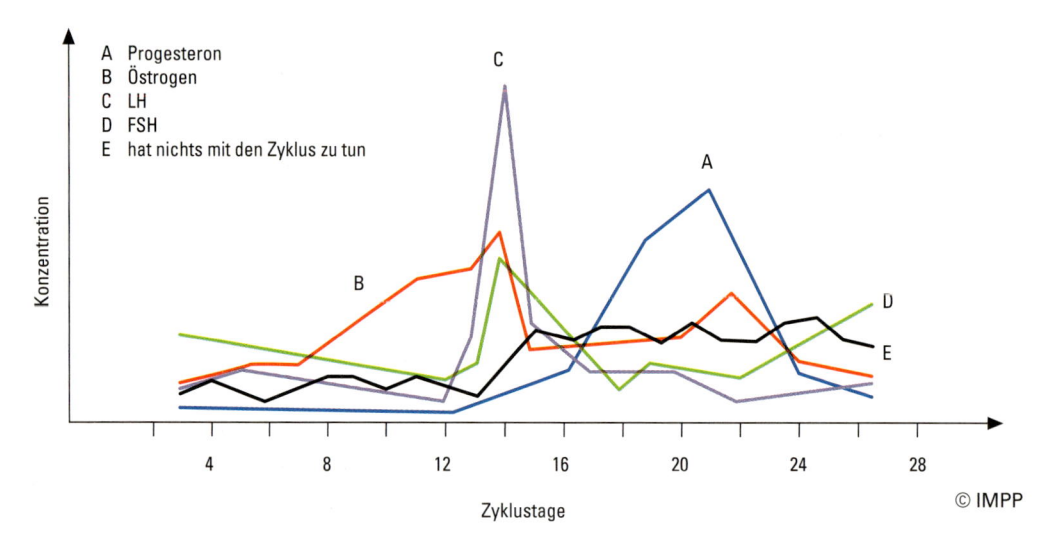

Anhang

A Progesteron
B Östrogen
C LH
D FSH
E hat nichts mit den Zyklus zu tun

IMPP-Bild 1: Zyklustage

medi-learn.de/6-physio2-impp1

Index

Symbole
5-Hydroxyindolessigsäure 35
α-Amylase 26, 31, 35

A
Acetylcholin 26, 27, 33
ACTH 6
Adenohypophyse 3, 6
Adenylatcyclase 2
ADH 9
Adrenocorticotropes Hormon 6
Akkomodationsreflex 23
Akromegalie 8
Androgene 12
Antidiuretisches Hormon 9
Appetitregulation 38
APUD-Zellsystem 34
Aquaporine 9
Autonomes Adenom 11
A-Zellen 17

B
Behaglichkeitstemperatur 44
Belegzellen 26
Bilirubin 32, 37
Bitemporale Hemianopsie 8
Braunes Fettgewebe 44
Brennwerte 42
– physikalische 42
– physiologische 42
B-Zellen 17

C
Calcitonin 19
Calcitriol 19
Calcium 18
cAMP 2
Carboanhydrase 28
CCK 31, 34
Cholesterin 32
Cholezystokinin 29, 33, 34
Chylomikronen 36
Chymotrypsin 31, 36
Chymotrypsin(-ogen) 31

Corpus luteum 14
Corticoliberin 5
Corticotropin 6
Corticotropin-Releasing-Hormone 5
Cortisol 12
CRH 5
Cushing-Syndrom 12
C-Zellen 19

D
DAG 2
Darm 24
Defäkationsreflex 24
Dejodase 10
Diabetes mellitus 18
Disaccharidasen 35
Dopamin 5, 7
D-Zellen 17

E
ECL-Zellen 27
Effektorhormone 6
Eisen 36
Eiweiße 36
Elastase 31
Emulgierung 36
Energie 42
Energiespeicherung 42
enterisches Darmnervensystem 22
enterohepatischer Kreislauf 32
Enterokinase 31

F
Ferritin 36
Fieber 46
follikelstimulierendes Hormon 6
Follitropin 6
FSH 6, 13

G
Galle 32
Gallenblase 33
Gallensäure/Gallensalze 32, 36
Gallensteine 34
Gastrin 27, 34
Gelbkörper 14
GH 7

Index

GHIH 5
GHRH 5
Glukagon 18
GLUT-2-Transporter 17
GLUT-4-Transporter 17
GnRH 5
Gonadoliberin 5
Gonadotropin-Releasing-Hormone 5
G-Proteine 2
Growth-Hormon 7
Growth-Hormon-Inhibiting-Hormone 5
Growth-Hormon-Releasing-Hormone 5
Grundumsatz 42
G-Zellen 27, 34

H

Hämoglobin 36
Hämosiderin 36
Haptoglobin 37
Hauptzellen 26
hCG 16
Hemianopsie 8
– bitemporale 8
Hitzeakklimatisation 46
H^+/K^+-ATPase 28
Hormone 6, 9
– antidiuretisches 9
– glandotrope 6
– hydrophile 1
– lipophile 1
humanes Choriongonadotropin 16
Humanes plazentares Laktogen 17
hydrophil 1
Hyperthyreose 10, 11
Hypothyreose 11
H-Zellen 27

I

Ikterus 33
IMMC 24
Indifferenztemperatur 44
Inhibin 15
Innerer Wärmestrom 44
Insulin 17
interdigestiven myoelektrischen Motorkomplex 24
Intrinsic Factor 26, 36

IP_3 2

J

Joule 42

K

Kalorimetrie 43
– direkte 43
– indirekte 43
Kalorisches Äquivalent 43
Kohlenhydrate 35
Kolloid 10
Konduktion 45
Konvektion 45
Körpertemperatur 44

L

Lactase 35
Lactoseintoleranz 35
Leptin 38
LH 6
Liberine 3
Lipase 31, 36
lipophile 1
luteinisierendes Hormon 6
Luteotropin 6

M

Magen 23
Magengeschwür 28, 29
Magenperistaltik 23
Magensäure 27
Menstruation 13
Minderwuchs 7
Mizellen 36
Morbus 6, 13
– Addison 6, 13
– Basedow 11
– Cushing 12
Mukoviszidose 31

N

Nebennierenrinde 11
Nebenzellen 26
Neurohypophyse 9

Index

O
Ösophagus 23
- Ösophagussphinkter 23
Östrogen 13, 17
Ovulation 14
Oxytocin 9

P
Pankreas 17, 29
- endokrinen 17
Pankreasenzyme 31, 36
Parasympathikus 23, 26
Parathormon 18
Pepsin 26
Peptidhormone 1
Peristaltik 23, 24
Perspiratio sensibilis 46
Pfortadersystem 3
Phosphat 18, 36
Phospholipide 32
PIH 5
Plazenta 16
Plexus myentericus 22
Plexus submucosus 22
POMC 6
PRL 7
Progesteron 13, 16
Prolaktin 7
Prolaktin-Inhibiting-Hormone 5
Proteinkinase A 2
Proteohormone 1

R
Reflux 23
Releasing Hormone 3
Resorption 35
Respiratorischer Quotient 43
rezeptive Relaxation 23
Riesenwuchs 8
Rückkopplung 3
- negative 3
Ruheumsatz 42

S
Salzsäure 26
Schilddrüsenhormone 9
Schwangerschaft 16
Schweißsekretion 46
Sekretin 29, 32, 34
Serotonin 35
Sodbrennen 23
Somatoliberin 5
Somatostatin 5, 27, 35
somatotropes Hormon 7
Somatotropin 7
Speichel 25
Statine 3
STH 7
Sympathikus 23, 26
S-Zellen 34

T
Testosteron 13
Thyreoglobulin 10
Thyreoliberin 5
Thyreotropin 6
Thyreotropin-Releasing-Hormon 5
Thyroidea-stimulierendes-Hormon 6
Thyroxin 9
Transferrin 36
Transportproteine 1
TRH 5
Trijodthyronin 9
Tropine 3
Trypsin 31, 36
Trypsin(-ogen) 31
TSH 6

V
vagovagaler Reflex 23
vasoaktives intestinales Peptid 23, 26
Vasopressin 9
Verdauung 35
- Eiweißverdauung 36
- Fettverdauung 36
- Kohlenhydratverdauung 35
Verdunstung 45
Verhütungsmethoden 16
VIP 23, 26
Vitamin B12 26, 36
Vitamin C 36

W
Wachstumshormon 7

Index

Wärmeabgabe 45
Wärmebildung 44
Wärmestrahlung 45
Wasserdampfpartialdruck 45

Z
Zyklus 13
zystische Fibrose 31

Deine Meinung ist gefragt!

Es ist erstaunlich, was das menschliche Gehirn an Informationen erfassen kann. Slbest wnen kilene Fleher in eenim Txet entlheatn snid, so knnsat du die eigneltchie lofnrmotian deoncnh vershteen – so wie in dsieem Text heir.

Wir heabn die Srkitpe mecrfhah sehr sogrtfältg güpreft, aber vilcheliet hat auch uesnr Girehn – so wie deenis grdaee – unbeswust Fheler übresehne. Um in der Zuuknft noch bsseer zu wrdeen, bttein wir dich dhear um deine Mtiilhfe.

Sag uns, was dir aufgefallen ist, ob wir Stolpersteine übersehen haben oder ggf. Formulierungen verbessern sollten. Darüber hinaus freuen wir uns natürlich auch über positive Rückmeldungen aus der Leserschaft.

Deine Mithilfe ist für uns sehr wertvoll und wir möchten dein Engagement belohnen: Unter allen Rückmeldungen verlosen wir einmal im Semester Fachbücher im Wert von 250 Euro. Die Gewinner werden auf der Webseite von MEDI-LEARN unter www.medi-learn.de bekannt gegeben.

Schick deine Rückmeldung einfach per E-Mail an support@medi-learn.de oder trag sie im Internet in ein spezielles Formular für Rückmeldungen ein, das du unter der folgenden Adresse findest:

www.medi-learn.de/rueckmeldungen